MODERN HUMANITIES RESEARCH ASSOCIATION
CRITICAL TEXTS
VOLUME 34

EDITOR
MALCOLM COOK

LES VEUVES CRÉOLES

COMÉDIE

Les Veuves créoles,
COMÉDIE

Edited with an Introduction by
Julia Prest

Modern Humanities Research Association
2017

Published by

The Modern Humanities Research Association
Salisbury House
Station Road
Cambridge CB1 2LA
United Kingdom

First published 2017

ISBN 978-1-78188-264-1

Copies may be ordered from www.criticaltexts.mhra.org.uk

CONTENTS

ACKNOWLEDGMENTS

I am grateful to the Institute of Advanced Study at Durham University where I held a fellowship in 2016 and was able to write the introduction to the present volume and prepare the text. I would also like to thank Michael Harrigan and Lauren Clay who read and commented on a draft of the introduction, as well as Sarah Townshend who is busy trawling through the *Affiches américaines*. Finally, my thanks are due to Gerard Lowe and Malcolm Cook of the MHRA for their unfailingly prompt and helpful responses during our correspondence over the edition.

INTRODUCTION

Publication and Performance History

Les Veuves créoles was, as far as we know, the first published literary work to have been composed in Martinique, then a French colony. This three-act prose comedy was published anonymously in 1768 and, according to its foreword, had circulated in manuscript form in Martinique the previous year, where it met with a mixture of criticism and praise. The publication details are given as 'A Amsterdam, & se trouve à Paris chez Merlin Libraire'. It is not impossible that the work was imported from Amsterdam, but it is far more likely that Joseph Merlin (1718–83), nicknamed 'Merlin l'enchanteur' by Voltaire, included this reference to Amsterdam simply as a strategy aimed at diverting the censors' attention and at piquing the interest of a book-buying public who knew that works printed in Amsterdam were often those that had been banned from publication in France and were therefore of particular interest.[1]

The published foreword includes an interesting account of the controversy that the manuscript supposedly provoked in Martinique, particularly among female readers. We read that 'le beau sexe créol s'est beaucoup déchaîné contre lui [the author]' and the author responds to the alleged complaints of three categories of women in turn: 'les femmes' (that is, married women), 'les veuves' (widows) and 'les filles' (unmarried women). His first defence turns on the meaning of silence or, rather, the absence of ordinary married women from his comedy: 'le silence qu'il a observé sur les femmes, devoit leur faire sentir combien il les considere' — an argument that surely suggests that any female types who *do* feature in his play are thereby awarded less consideration; with regard to the widows, the author claims that his widows are only taken in by a stranger who pretends to be a decent man and, above all, that they do come to see the truth before it is too late. However, the fact that the author inserts the qualifier 'quelquefois' does also suggest that other widows are not so lucky, and of course the final outcome of the play does not neutralize completely the widows' ridicule in the course of it. The argument in relation to young women seems more disingenuous still: it is true, as the author notes, that the so-called chevalier de Fatincourt complains that the young women he encounters think only of marriage and are unwilling to grant him their favours in the absence of

---

[1] The first play to have been published in a French colony was Belloy's *Le Siège de Calais*, which was printed in Cap-Français in Saint-Domingue in 1765. See Pierre-Laurent de Belloy, *Le Siège de Calais*, ed. by Logan J. Connors (London: MHRA, 2014), p. 166.

a firm commitment, but it is also true that the chevalier is able to convince at least three women, one of whom is still young, of his intent to marry them; moreover, there are several passing references in the play to young women whose behaviour might have been considered morally dubious, including one Cécile and her sister who have been the recipients of 'des assiduités & des familiarités' of several officers stationed at the local garrison (see II.4). The author briefly mentions the fact that some local men have also complained unjustly about the play and likens these responses to a scene in Molière's *Le Médecin malgré lui* in which Martine does not wish her neighbour, M. Robert, to stop her husband from beating her. This unattributed reference to Molière may provide a clue to the author's strategy in the 'avertissement', as a claim to controversy, whether true or false, was an effective form of reaching out to a potential audience or readership.

To the extent that it was both written and set in colonial Martinique, specifically in the trading port town of Saint-Pierre, *Les Veuves créoles* may be considered a piece of colonial drama; it may more usefully be considered a piece of créole francophone drama, as distinct from metropolitan French drama, for similar reasons.[2] For whom, then, was it written? The 'avertissement' or foreword provides a somewhat contradictory account of the play's intended readership: on the one hand, the author comments at the beginning that the work has been published primarily for the residents of the colony but, on the other, he later anticipates the published edition falling into the hands of readers who are 'peu instruits de quelques usages particuliers du pays pour qui elle est faite', and comments that it is for these people that he has included a series of explanatory footnotes, all of which are included in the present edition.[3] It would seem that the author was writing primarily for a local audience, but that he was also trying his luck by seeking to appeal to a metropolitan audience as well.

We know of no public performances of *Les Veuves créoles* in Martinique, whose theatrical tradition was less developed and above all less well-documented than that in Saint-Domingue (now Haiti), which boasted the most extensive theatrical tradition of the whole Caribbean during the colonial period (see Figure 1). *Les Veuves créoles* was performed at least twice in Saint-Domingue, in the northern port town of Cap-Français, commonly known as Le Cap (today's Cap-Haïtien).

---

[2] Here the term 'créole' is used in the eighteenth-century sense to designate people — and in this instance a literary work — 'born' locally. It can thus apply to people of all racial backgrounds, although it is most commonly used to describe people of European ancestry. In 'Les Veuves créoles et le théâtre à la Martinique au XVIIIe siècle', *Travaux de littérature: Les Amériques des écrivains français* 24 (2011): 143–52, Jérôme Brillaud concludes that the play is 'résolument créole' (p. 152).

[3] It is unlikely, though not absolutely impossible, that the author of *Les Veuves créoles* was female. In the absence of any firm evidence regarding the author's identity, the masculine pronoun is used here in the generic sense of he or she.

In the local newspaper, the *Supplément aux Affiches américaines* for 1 May 1769, we find the following announcement:

> La Comédie du Cap donnera dimanche 7 mai 1769, une premiere Représentation *des Veuves Créoles*, Comédie nouvelle en trois actes & en prose, jouée à Paris avec succès au mois de novembre dernier, par les Comédiens Français. L'objet de cette Piece est une peinture des mœurs de nos Colonies. La Scene se passe à la Martinique.[4]

The primary interest of the play is rightly described as lying in its portrayal of life in the French colonies; what is more difficult to account for is the claim that the work had been performed in Paris at the Comédie-Française some six months earlier. Since there is no record of the work having ever been performed in Paris, it is likely that the common strategy of referring to previous successful performances in metropolitan France in the interests of garnering public interest is adopted here without regard for accuracy. It would have been unusual for a short work such as *Les Veuves créoles* to have been performed alone, but unaccompanied or on a double bill with another unnamed work, it was clearly intended as the principal theatrical attraction that evening.

A few pages later, in the supplement to the same edition of the newspaper, the published edition of the play is advertised as being on sale. Listed under the rubric 'Biens et Effets A Vendre', we find:

> Des Brochures intitulées *les Veuves Créoles*, Comédie en trois actes : elles se trouvent chez le Sr. *Chazal*, Md. sur la Place d'Armes. Le prix de chaque Brochure est de 4 escalins.

Clearly, the hope was that the performance would promote sales of the play and vice versa. However, the fact that we know of only one further performance of *Les Veuves créoles* in Saint-Domingue over a decade later suggests that the work met with very limited success. Moreover, for its second performance, *Les Veuves créoles* appears to have been the warm-up act for a new play freshly arrived from France. In the *Affiches américaines* for 16 November 1779 (and repeated verbatim a week later on 23 November), we read the following announcement:

> Les Comédiens du Cap donneront mardi 30 du courant, au bénéfice du Sieur *Dubourg*, une représentation des *Veuves Créoles*, Comédie en trois actes & en prose, de M. *le chevalier de M*****, suivie de *l'Amant Loup-Garou*, ou *Monsieur Rodomont*, Comédie en prose & en quatre actes, par Monsieur *d'Herbois*. Le dernier acte est orné d'ariettes et de chœurs dont la Musique est de la composition du Sieur *Fontaine*. Cette derniere Piece, qui est de la plus grande gaieté, a été jouée pour la premiere fois en 1778, avec le plus grand succès, sur les Théâtres de Lyon, Bordeaux, Marseille, &c.[5]

---

[4] p. 126.
[5] pp. 369 and 377.

On this occasion, there was no need to claim falsely that *Les Veuves créoles* had been performed in France since this could truthfully be claimed in relation to the main event of the evening, *L'Amant loup-garou*. Nor is there anything to indicate *Les Veuves créoles*' relatively unusual status as a work produced in the Caribbean. Why, then, was it resurrected? One clue may lie with the personal preferences of the actor, Dubourg, who organized the event and who specialized in comedy and ballet. Dubourg appears to have had a demonstrated interest in Caribbean works since, in addition to putting on *Les Veuves créoles*, he is known to have performed the role of a Provençal captain in *Lundi au Cap*, a three-act prose comedy written and set in Saint-Domingue by the local actor and playwright Clément.[6] The idea that this event was intended partly to showcase local works, even though this is not explicitly stated, is supported by the fact that additional music for *L'Amant Loup-Garou* has been provided by the local composer, Fontaine.[7] I have been unable to identify the mysterious chevalier de M****.

Whoever he was, it would appear that the chevalier de M**** misjudged what was required to pique fully the interest of a metropolitan readership and potential theatre audience. A mixed review of *Les Veuves créoles* appeared shortly after its publication in the metropolitan newspaper, the *Mercure de France* in October 1768:

> Il y a du naturel & de la facilité dans cet ouvrage, où l'on peint les mœurs & les ridicules de nos colonies : l'auteur pourroit réussir dans le comique, s'il veut appliquer à nos propres mœurs, & à un sujet plus intéressant l'esprit d'observation & de finesse qui paroît le caractériser.

The reviewer rightly acknowledges the author's dramatic talents and, revealingly, suggests that the obstacle to a successful career in comedy lies, for this playwright, in his choice of subject matter, that is to say in the fact that he does not depict life in metropolitan France. The more sensitive reviewer in *L'Année littéraire* for the same year begins his account by alerting potential readers to the fact that they would do well to adopt a certain attitude when approaching the play:'il faut en la lisant se souvenir que l'action se passe dans le Nouveau Monde, & s'attendre quelquefois à des mœurs nouvelles'.[8] This is in all probability a reference to the strikingly cynical view of male-female relations and especially of marriage that the play presents, particularly, though not exclusively, via the character of the

---

[6] See the *Affiches américaines* for 19 November 1783, p. 663. Dubourg also arranged a performance of Mercier's *L'Habitant de la Guadeloupe* (see the *Supplément aux Affiches américaines* for 1 November 1786 and 22 November 1786, p. 523), which, despite being a metropolitan work, displays more interest in the colonies than the average metropolitan play. The work is discussed briefly in what follows.

[7] See Jean Fouchard, *Artistes et répertoire des scènes de Saint-Domingue* (Port-au-Prince: Imprimerie de l'Etat, 1955; 1988), pp. 39–40.

[8] vol. 6, p. 169.

(faux) chevalier de Fatincourt. If his frank admission that a successful plantation is 'tout ce qu'il faut pour faire une femme' can be taken as comic wit, his seemingly sincere invitation to the young merchant, Fonval, in II.12 to court — and even to have a sexual relationship with — La Cale's young daughter, Rosalie, after she and the chevalier are married, on the basis that he is only interested in her money, is potentially shocking. As Fonval's response suggests, the invitation sits at, and arguably beyond, the limits of *bienséance*. It also pushes back the limits of comedy to the extent that, whereas many French comedies exploit the trope of the lascivious old man and occasionally the lascivious old woman, the chevalier, who has been in Martinique for six years, is so consumed with his need to repay his debts and his wish to return to France that he has lost his libido and with it any potential for sexual jealousy. Whether or not his extreme cynicism is to be attributed to the alleged corrupting influence of the colonies or to his origins in metropolitan France is open to debate. With regard to the play's merits, our reviewer arrives at a similar conclusion to that of the *Mercure de France*, but is noticeably more willing to acknowledge that the fault may lie less with the author than with the ignorance of the metropolitan readership:

> Il y a de l'esprit dans cette Pièce ; on y trouve même quelques scènes de situation qui sont assez plaisantes, & qui nous le paroîtroient peut-être davantage si nous étions plus au fait des mœurs & de la vie ordinaire des habitans des Colonies.[9]

It would appear that a lack of interest in and knowledge about life in the French colonies was the primary reason that *Les Veuves créoles*, whose dramatic qualities were immediately acknowledged, fell into obscurity in metropolitan France.[10] It is likely that that the work's local slant worked against its popularity in the French colonies as well, where ignorance was not an issue but where the theatre audience went to the playhouse partly in order to remain in touch with metropolitan French culture. It is hoped, however, that the play can re-emerge as being of considerable interest today in the context of renewed and on-going research into the story of French colonialism and, increasingly, in colonial and créole drama.

---

[9] vol. 6, p. 178.
[10] In November 1768, the *Journal encyclopédique* grudgingly acknowledged the work's merits, writing that 'il y a du comique dans quelques scènes, & cet essai fait espérer quelque chose de mieux de l'Auteur, si le mauvais goût du siècle ne le corrompt' (p. 131). The reviewer expresses the hope not that the author will abandon his colonial slant, but rather that he will not succumb to the new and regrettable vogue for 'comédie larmoyante'.

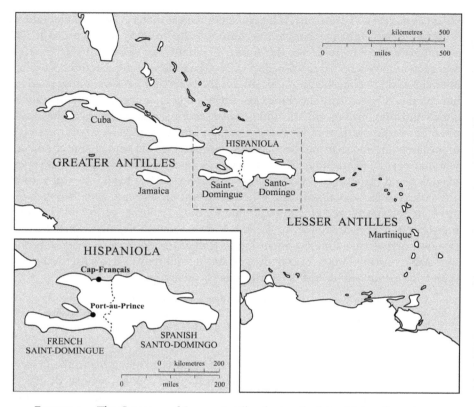

FIGURE 1.   The Greater and Lesser Antilles during the late eighteenth century.

Theatre in the French Colonial Caribbean

Les Veuves créoles appeared relatively early on in the history of public theatre in the French colonial Caribbean, which reached its heyday in the 1780s and continued until the slave revolts of 1791 (and occasionally beyond). We know that the residents of Le Cap, in Saint-Domingue, founded an amateur theatre group there in the 1740s,[11] but the first example of public theatre dates from the 1760s. A professional theatre troupe from France arrived in Le Cap in 1764 and a purpose-built public theatre was inaugurated in the city in April 1766. An announcement in the local newspaper, the *Affiches américaines* of 9 April indicates that the new theatre will open 'Dimanche prochain' (that is, on 13 April 1766) with a double bill consisting of the five-act comedy, *Les Contre-temps*, by

---

[11] See Moreau de Saint-Méry, *Description* vol. 1, p. 343.

La Grange and a one-act prose play called *La Somnambule*.[12] The *Affiches américaines* of 23 April that year dedicates two full columns to describing the new playhouse in some detail. As Lauren Clay has observed, the theatre's oval design, aimed at bringing spectators closer to the actors at the front of the stage, is in line with contemporary theatre design as it was unfolding in France, and is particularly reminiscent of Soufflot's pioneering theatre in Lyon, which had been inaugurated a decade earlier in 1756.[13] The article in the *Affiches américaines* describes the tripartite design featuring the stage at the front, the orchestra and *parterre* in the middle, and the amphitheatre at the back; it details the twenty first- and second-tier boxes on either side, including the richly-decorated king's box on the right (intended for the king's representative in the colony, the royal governor) and the intendant's box on the left. The blue stage curtain represents tragedy and comedy, although the inscription, *castigat ridendo mores* (one corrects customs by laughing at them) betrays a clear local preference for comedy and light-hearted works. It is also a reminder of the theatre's self-proclaimed social function in a context and location where the need to 'civilize' a public seen to be under constant threat of degeneration was thought particularly pressing. The next set of performances the following day, featuring the opéra-bouffon, *Les deux chasseurs et la laitière* and Dancourt's comedy, *Les Trois Gascons*, is announced. Whereas in Paris spoken drama and opera were performed in separate playhouses by separate troupes, in the large provincial theatres in Lyon, Bordeaux, Nantes and Marseille, separate casts of lyric and dramatic actors performed in the same space. In the colonies, lyric and dramatic works were also performed in the same space and sometimes even by the same actors.

In the southern part of Saint-Domingue, the public theatre and its associated buildings endured a particularly chequered and complex early history in the newer town of Port-au-Prince. According to Fouchard, the town had its first designated, if modest, space for theatre in 1762, while another more substantial space was built shortly thereafter.[14] By the end of the 1760s, however, the theatre had been abandoned and was up for sale before being razed to the ground in the earthquake of 1770. In the years following the earthquake, theatre production was patchy and the home of the public theatre in Port-au-Prince moved locations five times in seven years.[15] The most famous and best-documented theatre in Port-au-Prince was that built under the auspices of the Mesplès brothers and

---

[12] p. 131. Since the *Affiches américaines* of 23 April indicates that the theatre opened 'Dimanche dernier', it is possible that the opening event was delayed by a week until 20 April.

[13] *Stagestruck: The Business of Theater in Eighteenth-Century France and Its Colonies* (Ithaca: Cornell University Press, 2013), p. 195.

[14] Jean Fouchard, *Le Théâtre à Saint-Domingue* (Port-au-Prince: Imprimerie de l'Etat, 1955; 1988), p. 43.

[15] Fouchard, *Le Théâtre à Saint-Domingue*, p. 46.

inaugurated in October 1777.[16] This, too, suffered from the vicissitudes of colonial theatre production, but eventually became profitable by the late 1780s.[17] As far as we know, *Les Veuves créoles* was never performed in Port-au-Prince nor in any of the other towns on the island that enjoyed significant but sporadic theatrical activity in designated spaces in the course of the late eighteenth century: Les Cayes, Léogane, Saint Marc and Jacmel.[18]

Returning to Le Cap, it is only at the very end of the article from 1766 that we find an important and significant feature that sets colonial drama apart from metropolitan drama: 'L'Arriere-Amphithéâtre ne sera uniquement que pour les Mulâtres et Mulâtresses.' This would appear to mark the first time that free people of colour were admitted to the theatre in Le Cap (or anywhere else in the French Caribbean) — an innovation that coincided with the construction of a much larger theatre, with more seats to fill. From this moment onwards, the admission of free people of colour became a recognized feature of public theatres in the French Antilles. The segregation of the theatre audience on the grounds of racial ancestry echoed other instances of segregation in public life, notably in the militia.[19] In 1766, just over five per cent of the seating capacity was allocated to free people of colour in Le Cap, but this percentage would gradually increase across the various Saint-Dominguan playhouses as the century wore on and as the free people of colour increased in number and wealth.[20] Interestingly, this progression ran counter to the increasing number of discriminatory measures with which free people of colour were confronted in other areas of public life, including the sumptuary laws of 1779 and various other laws, not always rigorously upheld, prohibiting them from holding certain offices and titles. Indeed, as Clay has noted, the playhouse, which was run first and foremost as a commercial institution, was exceptional in admitting free people of colour at all when other institutions such as the Cercle des Philadelphes and the freemasons did not.[21]

If the theatre audience was mixed but, in theory at any rate, strictly segregated, the French colonial stage was overwhelmingly white, featuring white European and occasionally white créole actors. The small number of black characters in the repertoire were performed in blackface, and it is almost certain that this was the case for the 'domestiques noirs' that feature in *Les Veuves créoles*. It was not until the 1780s that we have any evidence of the existence of actors of colour. The most

---

[16] A magnificent copy of the design for this playhouse is available for consultation at the Archives Nationales d'Outre-Mer in Aix-en-Provence, F3 296/E75.

[17] See Moreau de Saint-Méry, *Description* vol. 2, pp. 984–89 for details.

[18] Professional theatre troupes also visited Petit-Goâve, but no playhouse was ever built there.

[19] See Yvan Debbasch, *Couleur et liberté : le jeu du critère ethnique dans un ordre juridique esclavagiste* (Paris: Dalloz, 1967), pp. 53–105.

[20] Clay, *Stagestruck*, p. 220.

[21] Clay, *Stagestruck*, pp. 199 and 220.

famous of these was a young woman of mixed racial origins from Port-au-Prince named 'Minette' who was a regular soloist in a variety of operatic works in Port-au-Prince throughout the 1780s.[22] Minette did not perform any non-white roles, but her younger sister, Lise, who also became a professional actor-singer, did occasionally perform black roles, notably that of Thérèse in a local parody of Rousseau's *Devin du Village* called *Les Amours de Mirebalais*.[23]

A newspaper advertisement also mentions one black créole actor who performed in 1788,[24] and a French visitor to the island, Alfred de Laujon, noted a mix of colours, which he described as 'blanc', 'noir' and 'jaune', in the chorus at the theatre in Port-au-Prince in the same decade.[25] Moreover, a free man of colour named Jean-Louis Labbé set up a theatre troupe in Léogane in 1786.[26] Slaves were formally excluded from the theatre audience but it was not unusual for a slave to feature in the theatre orchestra, usually as a violinist. We also know the names of two free musicians of colour — César and Rivière — and of several performances in Saint-Domingue of the work of the mixed-race composer (and fencer), the chevalier de Saint-Georges.[27]

Public professional theatre reached colonies in the French lesser Antilles a few years later than in Saint-Domingue: Clay notes that professional theatre was introduced to Martinique in 1771 and to Guadeloupe in 1772.[28] In the late eighteenth century, Martinique enjoyed theatrical centres in the towns of Saint-Pierre and Fort-Royal, while Guadeloupe, similarly, had playhouses in two cities, Basse-Terre and Pointe-à-Pitre.

Although almost all of the Martiniquan newspapers from the period have been lost and we therefore lack detailed and systematic information regarding theatrical performances on the island, we do have a set of manuscript documents from 1780 relating to the proposed founding of a new playhouse in Saint-Pierre. From these, we gain a strong sense of how the colonials viewed (or at least claimed to view) the theatre's purpose. At one level, building and running a theatre was a commercial activity or business and its purpose was profit — a goal that was not

---

[22] Bernard Camier has written a series of articles about Minette, including, notably, 'Minette : situation sociale d'une artiste de couleur à Saint-Domingue', *Généalogie et histoire de la Caraïbe* 185 (October 2005): 4638–42.

[23] *Affiches américaines*, 28 January 1786, p. 44. This is in all probability another name for Clément's *Thérèse et Jeannot*, also referred to in the press sometimes as *Jeannot et Thérèse*.

[24] *Supplément aux Affiches américaines (Feuille du Cap)*, 8 March 1788, p. 749.

[25] *Souvenirs de trente années de voyages à Saint-Domingue* (Paris: Schwartz and Gagnot, 1834), vol. 1, pp. 166–67.

[26] See Clay, *Stagestruck*, pp. 220–21 for more on Labbé.

[27] See Bernard Camier, 'Les concerts dans les capitales de Saint-Domingue à la fin du XVIIIe siècle', *Revue de musicologie* 93.1 (2007): 75–98, p. 80.

[28] Clay, *Stagestruck*, p. 196. For more information about the history of theatre in the Martiniquan town of Saint-Pierre, see Maurice Nicolas, *Les grandes heures du Théâtre de Saint-Pierre* ([NP] Berger Bellepage, 1974).

easy to achieve with a limited audience and low audience turnover as well as a relative dearth of material and human resources (and a high incidence of natural disasters). The theatre was also understood to have a special social function in ways that both echoed contemporary debates in France and went beyond them in relation to the colonial (and tropical) context. In the 'Mémoire Concernant l'Etablissement d'un Spectacle à St-Pierre de la Martinique' (1780), we read of 'les avantages sans nombre qui résultent du spectacle' and specifically of the effect of theatre on 'les mœurs'. The authors of the document acknowledge both that the previous theatre in Saint-Pierre had been badly run but also that its positive effects were nonetheless tangible. With reference to the local-born population, they write that 'les Créoles qui s'abatardissoient sensiblement chaque jour, y ont puisé tout à coup de l'énergie, le gout et l'ardeur de s'instruire, tellement que plusieurs aujourd'hui se distinguent avec avantage parmi leurs concitoyens'; with specific reference to the disproportionately small number of free people of colour permitted to enter the playhouse, they write that 'les hommes de couleur, libres, ont perdu de la barbarie de leur origine, se policent et prennent des mœurs', and concludes that 'on peut donc affirmer qu'à l'aide d'un spectacle [...] on verra en peu d'années les habitants de la Martinique ne plus différer des Européens que par le climat'.[29] They are claiming no less than that the theatre can 'Europeanize' or 'civilize' both the white and free coloured population, saving the former from degeneration and elevating the latter above their original barbarity.

The fact that their proposal was not adopted does not necessarily detract from the validity of their arguments in contemporary eyes.[30] A probable reason for the failure of this proposal was its funding by a lottery system as it is this, as well as the theatre design, rather than the alleged benefits of theatre, that are queried in a provisional response of 18 August 1780.[31] If the suggestion that locals will become French thanks to the theatre verges on the hyperbolic, the arguments about degeneration and the possibility of social improvement were widely accepted in contemporary society. Of course, not everybody agreed that the theatre was the best mechanism to prevent degeneration and ensure improvement, particularly in relation to the still vexed question of the presence of free people of colour in the auditorium. When a new theatre was inaugurated in Saint-Pierre in December 1786, members of the Chambre d'Agriculture in Martinique complained that the theatre offered the free people of colour an unwelcome opportunity to display their wealth by wearing luxury goods in a public venue. Colonial anxiety in relation to the increasing wealth and upward mobility of the ever-expanding class of free people of colour could hardly be

---

[29] ANOM COL C8b 15 No43bis.
[30] See Clay, *Stagestruck*, p. 311 n108.
[31] ANOM COL C8b 15 No53.

clearer.[32] Meanwhile, a Danish visitor to the island, Paul Erdman Isert, enjoyed a performance of Gluck's *Orphée et Eurydice* in the theatre in Saint-Pierre. He commented on the practice of segregation, highlighting the fact that racial identity had become a matter of proof or documentation, and that there was no reliable correspondence between an individual's racial ancestry and their skin colour. Noting that the fourth tier of boxes, the 'paradis', was reserved for people of colour, Isert observed that that 'là sont relégués tous ceux qui ne peuvent pas prouver leur descendance de Parens Européens. On voit souvent ici des *Christises*, dont la peau est incomparablement plus blanche que celle de nos habitans du Nord de l'Europe.'[33] He also singled out the town's playhouse for particular praise, describing it not only as being up to European standards but as one 'qui surpasse pour la grandeur & le goût les bâtimens en ce genre les plus renommés en Europe'.[34] The comparison with Europe is spot-on since we know that this round-shaped theatre was inspired by the new theatre at the Comédie-Française, inaugurated in 1782.[35] The principle behind the round as opposed to the formerly rectangular shape of these theatres was what Brillaud has described as 'une espèce de démocratie du regard'.[36]

We know too that the theatre audience in Martinique witnessed performances by some highly-talented actors, including Madeleine Marie Sapizot or Chapizeau, better known as Mme Marsan, who travelled to Martinique from Bordeaux on 1 May 1775 (and from there to Saint-Domingue, where she became the most celebrated actor on the island and, following the slave revolts of 1791, from Saint-Domingue to New Orleans). The *Journal historique et critique des Antilles* included in August that year the following poem lauding her recent performance in Saint-Pierre as the marquise in Marivaux's *La Surprise de l'amour*:

> Oui tu fus plus séduisante, Marsan
> En enchaînant à tes pieds l'envie et la cabale
> Captivant tous les cœurs, entraînant les esprits ;
> Des deux mondes enfin remplissant l'intervalle
> Tes spectateurs surpris
> Se sont crus transportés de Saint-Pierre à Paris.[37]

---

[32] In the playhouse in Fort Royal, Martinique, a striking forty per cent of the seats were allocated to free people of colour — the highest recorded percentage in the French colonial Caribbean. See Clay, *Stagestruck*, p. 220.

[33] Paul Erdman Isert, *Voyages en Guinée et dans les îles Caraïbes en Amérique* (Paris: Maradan, 1793), p. 340. A note in the text indicates that the term '*christises*' designates the fourth generation offspring of a European father and an African mother.

[34] Isert, *Voyages*, p. 339. It was in this theatre that the residents of Martinique heard the news of the French Revolution in 1789 (see Nicolas, *Les grandes heures*, p. 14). The theatre stood until 1902 when a catastrophic volcanic eruption wiped out the city of Saint-Pierre, killing an estimated 30,000 people.

[35] Brillaud, 'Les Veuves créoles', p. 148.

[36] Brillaud, 'Les Veuves créoles', p. 148.

[37] Cited in Nicolas, *Les grandes heures*, p. 10.

It is precisely this wish to be transported from Saint-Pierre to Paris that in all probability militated against the success of local works such as *Les Veuves créoles*, which offered the local audience no such escape to metropolitan France. Interest in local works appears to have increased somewhat over time, so *Les Veuves* may also have appeared too soon for its own good. In order to gauge the respective popularity of French and European works in relation to local works, we must rely on the more complete records of public theatre in Saint-Domingue as narrated principally by advance publicity in the *Affiches américaines* and the *Supplément aux Affiches américaines*.[38] A survey of these confirms that the vast majority (over ninety per cent) of theatrical works performed in Saint-Domingue were French and that the audience displayed a discernible preference for lighter, comic works.[39] Opéra comique was the genre of choice, and the works of Grétry were particularly popular. Comic drama was a close second, while serious drama was represented above all by Voltaire, and serious opera's unique representative was Gluck.[40]

In addition to French repertoire, some European works were performed in French translation and a small number of works were composed in the French Caribbean. Of these, some were derivative, others were parodies, the most famous of which was local playwright, Clément's créole-language parody of Rousseau's *Devin du village*, entitled *Thérèse et Jeannot*.[41] Only a few works were genuinely créole in the sense that they were original works depicting local life, and of these *Les Veuves créoles* is a relatively rare example of a text that is extant. What, then, is the place of *Les Veuves créoles* in the history of French and francophone drama? This question is perhaps best approached from two complementary angles: the tradition of French and francophone widow plays and the particular status of widows in the collective imagination of the French colonial Caribbean.

---

[38] Unfortunately, the advance publicity is rarely corroborated by subsequent reviews or other accounts confirming that the planned performances all took place.

[39] I am in the process of putting together a database of documented planned performances in the public theatres of Saint-Domingue based primarily on the information provided in the local newspapers. Once completed, the database will enable scholars to establish more precise statistics in relation to local preferences and so on.

[40] For more information on Gluck's status as sole representative of serious opera in the French colonial Caribbean, see Julia Prest, '*Iphigénie en Haïti*: Performing Gluck's Paris Operas in the French Colonial Caribbean', *Eighteenth-Century Music* 14.1 (March 2017): 13–29.

[41] See Bernard Camier and Marie-Christine Hazaël-Massieux, '*Jeannot et Thérèse* : un opéra comique en créole au milieu du XVIIIe siècle', *Revue de la société haitienne d'histoire de géographie* 215 (2003): 135–66.

Widow Plays in France

The epigramme to *Les Veuves créoles* clearly seeks to write the play into a long tradition of satire. It reads *veniunt à dote sagittæ*, literally 'the arrows come from her dowry', and is taken from Juvenal's Sixth Satire. More specifically, *Les Veuves créoles* is indebted to the master of French comedy, Molière, in a number of ways and although Molière did not focus on the widow as a site of particular comic interest, his comedies proposed a number of elements, many of them drawn from his predecessors, that would be explored in more detail by subsequent comic dramatists. The widow, Célimène, in *Le Misanthrope* is young and rich, that is to say eminently eligible, but she seeks to prolong her period of freedom by delaying any remarriage. As Biet observes, the ambiguous ending to Molière's play corresponds to the contingent nature of Célimène's freedom, which can only last in its current form for as long as Célimène remains young and attractive.[42] The marquise, Dorimène, in *Le Bourgeois gentilhomme* is another young widow who is hesitant about the prospect of remarrying (see III.15), while the slightly older Béline in *Le Malade imaginaire* (she is Argan's second wife, but says she has spent most of her youth with him) cannot conceal her delight at the (false) news that she has just been widowed (see III.10): 'me voilà délivrée d'un grand fardeau'.

Indeed, the widow became something of a stock character in early-modern French theatre, particularly in comedy. The Calendrier électronique des spectacles sous l'ancien régime lists no fewer than sixty-nine dramatic works of varying quality and popularity with 'veuve' in the title, including *Les Veuves créoles*, which features by virtue of having been sold (and probably published) in Paris.[43] Of these, the majority date from the second half of the eighteenth century. In addition to these works, dozens more that do not include the term 'veuve' in their titles feature a widow, or widows, as a central character in their plots.

As a figure, the widow adds an interesting dynamic to a theatrical genre that is commonly built around a marriage plot (initially thwarted and then resolved in the course of the play), typically leading to the prospect of marriage between a pair of young lovers. Firstly, the widow's previous experience of marriage is often depicted in comedy as having been imperfect and widows frequently speak of their widowhood in positive terms. This challenges the myth typically upheld in comedy whereby marriage — or at least the kind of marriage that comedy anticipates — is happy. Secondly, the widow does not have the same potential obstacles to overcome as the young and sexually inexperienced daughter figure,

---

[42] See Christian Biet, 'La Veuve et l'idéal du mari absolu : Célimène et Alceste', *Cahiers du dix-septième* 7.1 (1997): 215–26.
[43] http://www.cesar.org.uk/cesar2/. Consulted 2 December 2016.

who has often only recently left her convent. The widow is in a position of relative freedom: she is free from her father's authority by virtue of her earlier marriage and from her husband's by virtue of his death. Mélite in *Les Veuves créoles* speaks in II.5 of the 'liberté si douce' that she has enjoyed for the two years of her widowhood. If she is also wealthy, the widow is, as the quotation from Juvenal suggests, doubly free and under no pressure to remarry. Should she wish to remarry, as widows tend to do in comedy, she is in the happy position of being free to marry a man of her choosing. Whether or not this marriage takes place in the comic context will depend on two main factors: the wealth and, above all, the age of the widow. If she is 'young', that is of childbearing age (but usually childless), and ideally in her 20s, there is every possibility that, in the context of a comedy, she will marry; if she is over 30 or older still, that is no longer recognized as being of childbearing age, there is every possibility that she will be seen to be ridiculous even for contemplating marriage. If she is rich she may be open to exploitation from impoverished or greedy suitors, particularly those who are significantly younger than her — these interactions are of course especially rich in comic potential. If she is poor but young, our comic widow may reasonably expect to meet a wealthy and loving future husband. The widow thus upholds one staple of the comic genre, namely that marriage is only desirable between couples of a similar age at the same time that it acknowledges, if only implicitly, that many marriages that do take place, even within the comic fiction, are not in fact happy marriages. Typically, the widow's disruptive function is normalized at the end of a comedy either by her marriage, if that is deemed appropriate, or by her chastening through the corrective of ridicule. As will be seen, *Les Veuves créoles* conforms to this pattern to a certain extent, but also deviates from it in some interesting and significant ways.

Widow Plays in the Colonial Context

The vogue for widow plays appears to have been somewhat less pronounced in Saint-Domingue than in metropolitan France. Furthermore, despite the local audience's marked preference for comedy over tragedy, the records suggest that the most popular widow play in the colony was Lemierre's tragedy, *La Veuve du Malabar, ou l'Empire des coutumes*, first performed in Paris in 1770 but revived and then published there in 1780. The first recorded performance in Saint-Domingue was in Le Cap in November 1781, and the advance publicity in the *Affiches américaines* gives us a good sense of the particular appeal that the work was expected to hold for the local audience:

> Au 5e acte, le théâtre représentera le Parvis de la Pagode de Brama, entouré de rochers, &c. Le bûcher dressé pour consumer la Veuve, se verra au milieu de la Place. Cette Tragédie, d'une facile exécution, quoique du genre le plus neuf & le plus intéressant, ne fera peut-être pas moins de plaisir ici qu'elle en

a produit dans la Capitale, où elle a eu 43 représentations de suite. Son grand
succès a fait ouvrir à l'Auteur les portes de l'Académie Françoise.[44]

Lemierre's play brought the colonial audience into contact with French culture
to the extent that they watched a work that had been extremely popular in Paris;
however, the particular appeal of *La Veuve du Malabar*, as in France, was no
doubt its exotic setting in colonial India and particularly its graphic depiction of
sati, the ancient Hindu practice of widow immolation. We note that the
announcement makes the commonplace claim to novelty and also that it seeks
to reassure an audience not well-versed in tragedy that the performance (by which
they probably mean the language) is accessible. In practice, the work's appeal may
also have lain in its status as the reference play for the parody that followed in
the same performance. The announcement continues as follows:

> Elle sera suivie d'une premiere représentation de sa Parodie en trois petits
> actes & en vers, intitule *La Veuve de Cancale*, qui plaira sans doute par sa
> gaieté & sa critique ingénieuse : au lieu du puits où la Veuve se jette avec son
> amant Brifefer, on a substitué, avec la permission de MM. les Général &
> Intendant, une décoration d'un genre nouveau; elle représentera une Fontaine
> mécanique en illumination.

The thrust of the parody appears to have been to de-exoticize its source play by
relocating it in Brittany and by rendering the high priest as a bailiff, the young
Brahmin as his clerk and so on. The much-vaunted funeral pyre becomes first a
more banal well and then, here, a fountain.[45] *La Veuve du Malabar* was also
performed in Port-au-Prince in October 1783, on a double bill not with its parody
but with a two-act play by Doucet, *M. Cassandre*. As was the case with the
advertisement with the first performance in Le Cap, the *Supplément aux Affiches
américaines* of 27 September insists on the great success of the play in Paris,
although the number of consecutive performances is given as having been only
28.[46] When *La Veuve du Malabar* was performed again in Port-au-Prince later
that year it was given with *La Veuve de Cancale*, which is advertised as having
been 'représentée avec succès sur le Théâtre de la Comédie Italienne'.[47] As had
been the case in the original advertisement for the first performance in Le Cap, it
is the funeral pyre that is singled out for particular comment and readers are told
that this production will feature a new one. *La Veuve du Malabar* was also
performed in the town of Saint-Marc in December 1783 on a double bill with

---

[44] 30 October 1781, p. 425.
[45] See *La Correspondance littéraire, philosophique et critique de Grimm et de Diderot, depuis
1753 jusqu'en 1790* (Paris: Furne, 1830), vol. 10, p. 348.
[46] According to the registers of the Comédie-Française, *La Veuve du Malabar* enjoyed 29
performances between April and July 1780. See http://cfregisters.org/fr/. Consulted 27 January
2017.
[47] *Supplément aux Affiches américaines*, 13 December 1783, p. 714.

Lundi au Cap ou les recouvrements, a play by the local author and actor, Clément.[48]

It would appear that the Saint-Dominguan theatre audience did not embrace in every aspect the French take on the theatrical widow, and one reason for this may be the particular status of the widow in French colonial society. One of the most striking features of the colonial widow was the relative ease with which she was typically able to take over the running and control of her deceased husband's estate. Contemporary sources document numerous instances of a widow taking a lead role in the management of her dead husband's businesses (in some instances these businesses had been acquired from the wife's family in the first place as part of her dowry), and this is reflected in the portrayal of the older widows in *Les Veuves créoles*. Mme Sirotin, whose very name evokes the sweetness of sugar, runs a plantation and her sister owns property ('maisons') and passenger boats ('canots passagers'). They are both actively involved in their businesses and this grants them a degree of credibility that other theatrical widows are usually denied. With regard to the question of marriage, this was of course a political matter in metropolitan France at this time and even more so in her colonies, where it intersected with burning questions relating to notions of racial purity, social stability, sexual mores, the alleged superiority of metropolitan France and the degree of independence permitted in the colonies. These social issues were exacerbated by the disproportionately small number of white women, French or créole, living in the French colonies, which in turn led surprisingly large numbers of white men to take women of colour as their concubines or even, sometimes, as their wives. Furthermore, it would appear that, even when their options were severely limited, white créole women preferred European-born men to white créole men — a preference that may have combined snobbery with practicality as a French man was more likely to take them to France.[49] Sirotin, Grapin and Mélite are all seduced by this prospect. The primary purpose of the various regulations put in place in the French colonies during the second half of the eighteenth century was to avoid bigamy (it was otherwise potentially very easy for a visiting Frenchman to claim he was unmarried and take a créole wife) and, above all, *mésalliance*, particularly across racial lines. Léo Elisabeth notes that from 1766 a new system for the regulation of marriage emerged in Martinique according to which any marriage involving an individual who was not born on the island or whose family no longer lived there had to have pre-authorisation from the Intendant, even if parental consent was given.[50]

---

[48] Additional performances of *La Veuve du Malabar* took place in 1784, 1785, 1786, 1787 and 1790.

[49] Jean-Baptiste Leblond noted this in his *Voyages aux Antilles : d'île en île, de la Martinique à Trinidad (1767–1773)* (Paris: Karthala, 2000), ed. by Monique Pouliquen: 'y a-t-il peu de femmes créoles qui ne préférassent un Européen à un homme du pays' (p. 46).

[50] *La Société martiniquaise aux XVIIe et XVIIIe siècles 1664–1789* (Paris: Karthala, 2003), p. 172.

Elisabeth also notes that between 1769 and 1788, widows comprised between 10.6% and 12.3% of the female population in Martinique and between 34.5% and 37.3% of married women.[51] A number of factors mitigated against remarriage in the colonies, with the result that those widows who did remarry tended to be older than those who did so in metropolitan France. Indeed, Elisabeth's statistics demonstrate that it was not at all unusual for women in Martinique to remarry in their 30s, early 40s, or even over the age of 45, especially during the decade in which the play was written and first circulated.[52] Mme Sirotin, the eldest of the three widows who feature in *Les Veuves créoles*, is 45 years of age (see II.2) and her sister, Mme Grapin, is also over 40 (III.2). While their relatively advanced age is undoubtedly an important element in their portrayal as ridiculous, in line with the majority of French comedies featuring older widows, their foolishness stems above all from the fact that they are proposing to marry a much younger man (see II.2). It is the disparity in age more than the age itself that is a source of comedy — something that is underlined by La Cale when he mentions in the opening scene of the play one Araminte who 'se fait chansonner en épousant, à cinquante ans, un homme de trente'. On the other hand, the 'vieille veuve' who reportedly claims *not* to wish to marry again is also mocked by the chevalier and Mélite and exploited for her comic potential by the playwright (see I.4). It would seem that the old widow is potentially ridiculous whatever her view on marriage.

With particular reference to the comic or ridiculous widow figure in the French colonies, the recurring theme is that of the wealthy widow (or, sometimes, the widow who is mistakenly thought to be wealthy) who is sought out by the visiting Frenchman who is keen to make his fortune. One early example of this type of scenario is found in a text entitled *Voyages du Comte de **** à Saint-Domingue, en 1730*. It is unclear whether this text is more fact than fiction, but for the present purposes this does not matter since our goal is to reconstruct the place of the comic widow in the local imagination. The narrator describes how he visits his host in his plantation where the host's wife assumes that he is 'un de ces avanturiers, qui en effet ne passent dans les colonies que pour y rétablir leur fortune délabrée, à la faveur d'un mariage'.[53] The narrator explains how his hosts try to set him up with a 'beauté, au moins septuagénaire', who is described ironically as 'la jeune veuve'.[54] He goes on to narrate how 'résolu de me divertir aux dépens de cette vieille amoureuse, je feignis de concevoir pour elle une

---

[51] Elisabeth, *La Société martiniquaise*, p. 211.
[52] Elisabeth, *La Société martiniquaise*, p. 218.
[53] *Voyages du Comte de **** à Saint-Domingue, en 1730*, in *Voyages intéressans dans différentes colonies françaises, espagnoles, anglaises, etc.* (London/Paris: Jean-François Bastien, 1788), pp. 85–170 (p. 99).
[54] *Voyages du Comte*, p. 124.

passion subite, & lui fis tout de suite ma tendre déclaration'.[55] Although our Count claims to be motivated by his own amusement rather than the prospect of financial gain, the fact that he is mistaken for a type that is described as being widespread in the colonies and especially in Saint-Domingue is revealing.

If the comte de **** puts the onus on the 'Chevaliers-errans, dont les colonies sont infectées'[56] in an account that is certainly intended to be humorous, Jean-Baptiste Thibault de Chanvalon, in a work that advertises itself as a piece of natural history and therefore void of satirical intent, provides a damning account of the widows whom he encountered during a trip to Martinique, noting that 'il n'est presque point de veuve qui, malgré sa tendresse pour ses enfants, n'efface bientôt par un second mariage le nom et le souvenir d'un homme dont elle paraissait éperdument éprise'.[57] From this brief examination of a selection of contemporary sources, it would appear that the widow in the French colonies was mocked for some of the same reasons as her metropolitan counterpart, but that she was, moreover, particularly open to exploitation by visiting Europeans. Many of these were, like Fatincourt, imposters whose alleged aristocratic status was self-bestowed upon setting foot in the colonies. In this more highly-charged context, it is all the more significant that the older widows of Les Veuves créoles ultimately unite against the common enemy and send their faux chevalier away empty-handed and humiliated. This represents an important victory for good sense, truth and above all independent women and female solidarity: Grapin and Sirotin unite not only against the outsider, Fatincourt, but also against their brother whom they threaten to disinherit. The fact that they remain unmarried at the end may be understood not so much as a punishment but as the maintenance of their personal freedom and fortune. It is also a victory, albeit at a modest level, for créole society over metropolitan France. Not only do the créoles triumph over the visiting Frenchman; créole people more generally are seen to be morally superior to the French of France for two reasons: first, because the only marriage that takes place is that between two young créoles who express no interest at all in metropolitan France or in money or status, and second because the poor image that remains of the chevalier is compounded by the fact that the king has recently seen fit to reward him with the Croix de Saint-Louis.[58] This is another way in which the play may be considered créole rather than French.

---

[55] Voyages du Comte, pp. 124–25.

[56] Voyages du Comte, p. 145.

[57] Voyage à la Martinique, 1751–1756 Contenant diverses observations sur la Physique, l'Histoire naturelle, l'Agriculture, les Mœurs et les Usages de cette Isle, Suivi de Moments perdus ou Sottisier manuscrit inédit (Paris: Karthala, 2004), ed. by Monique Pouliquen (p. 72). This excerpt is cited by Moreau de Saint-Méry in his Description vol. 1, p. 41.

[58] See Brillaud, 'Les Veuves créoles', p. 152.

Legacy and Influence

Chatillon and Elisabeth note the existence of another play from the colonial period that is set in Martinique: the anonymous *L'Habitant de la Martinique*, which dates from c1785 and which appears to exist only in manuscript form.[59] There are indeed some similarities in plot: the play is set in Saint-Pierre, features unworthy colonials seeking to be decorated with the Croix de Saint-Louis, but some key features of the marriage plot are reversed as the eligible daughter is loved by a metropolitan trader to whom the father is heavily in debt, while the father wishes to marry his daughter to a rich plantation owner. The absence of widow figures also sets the play apart from *Les Veuves créoles*.

The title of this second Martiniquan play was certainly influenced by Louis-Sébastien Mercier's *L'Habitant de la Guadeloupe*, which does touch on the question of widowhood and which was performed both in France and on several occasions in Saint-Domingue. The first recorded performance in Saint-Domingue was announced in the *Affiches américaines* on 23 July 1785 and took place in Port-au-Prince. The announcement includes a plot summary and some interesting details:

> Les Comédiens de cette ville donneront Mardi 26 de ce mois, (*au bénéfice de la Dame* BERTHIER) une 1re Représentation de L'HABITANT DE LA GUADELOUPE, Drame en trois actes & en prose, de M. *Mercier* : cette Pièce sera suivie du *TABLEAU PARLANT*, Opéra.
>
> L'intrigue de cette Pièce ayant été tirée d'une anecdote très-récente, on en verra sans doute avec plaisir l'analyse :
>
> « Un Européen venu dans ces Colonies, y fait une fortune immense : de retour dans sa Patrie, il conçoit le projet de se déguiser dans la première visite qu'il fait à ses parens, avec tout l'extérieur de l'indigence. Rebuté des premiers chez lesquels il se présente, il en essuie constamment tous les mépris sans se faire connaître. Il s'informe d'une de ses cousines, qu'on lui dit être veuve, ayant deux enfans en bas-âge & fort pauvre : il va la voir ; en est très-bien accueilli ; trouve chez elle les secours que lui ont refusés ses autres parens, quoique fort riches. Pour lors, il se découvre à elle, la fait venir dans son hôtel, y rassemble tous ses parens, fait aux premiers des reproches justement mérités & couronne en leur présence les vertus de sa cousine, par le partage de ses biens & le don de sa main. »
>
> Le succès qu'à eu ce Drame, tant dans la Capitale que dans les différéntes villes de Province, est un sûr garant de l'effet que doit produire ici cette nouveauté. Le dernier acte sur-tout offre les scènes les plus sublimes & les plus théâtrales.[60]

---

[59] See Chatillon and Elisabeth, '*Les Veuves créoles*', pp. 104–05, on which my account of the plot is based. The manuscript of *L'Habitant de la Martinique* is in the Bibliothèque municipale de Nantes.

[60] pp. 319–20.

In addition to the fact that this is not strictly a widow play or even a comedy in the comic vein, the crucial difference between *L'Habitant de la Guadeloupe* and *Les Veuves créoles* lies with its metropolitan setting. Mercier's play does not seek to portray, however accurately or inaccurately, life in the French colonies, which he had in any case never visited; rather, it draws on the figure of the returning colonial in order to provide a moral lesson. The fact that *L'Habitant de la Guadeloupe* seems to have been somewhat more popular in Saint-Domingue than *Les Veuves créoles* (it was performed in Port-au-Prince in 1785 and in Le Cap in 1786 and again in 1790) is further evidence of the local, or perhaps official, preference for works that brought French perspectives to the colonies, and confirms that what is most distinctive about *Les Veuves créoles* — its colonial, créole setting — was also at the root of its failure to achieve widespread popularity in the late eighteenth century.

The Play

I have suggested, however, that the reverse is true today and that *Les Veuves créoles* is of particular interest to modern readers owing precisely to its colonial setting and status as an early example of créole drama. Readers are exposed to numerous instances of local colour and information about contemporary life in the French Caribbean and these are presented in a way that appears natural and unforced, even if — regrettably but unsurprisingly — they are written from a particular point of view that does not represent the colony as a whole. In the opening scene, for instance, we learn that Monsieur de la Cale has given Fatincourt thirty barrels of sugar in recognition of the efforts Fatincourt's friend is supposedly making as he pleads La Cale's merits at court; we read in the same scene about local trading practices, both legal and otherwise; we are told about Monsieur Dumoulin, who does not appear in the play but who is, according to Mélite, obsessed, as his name might suggest, with sugar production (see I.4), and we hear of La Cale's plan to travel between two cities on the island by boat (II.8). The context of the French Caribbean colonies also lends a particular piquancy to the well-worn figure of the comic widow, and *Les Veuves créoles* offers up no fewer than three widows, two who fall into the category of 'old' and one who may still be considered 'young'. The phenomenon of older, richer widows being pursued by younger, greedy male visitors to the colonies has already been discussed, but it is perhaps useful to distinguish between the two sisters who appear close and who enjoy considerable symmetry, particularly in I.7 when their sentiments unfold simultaneously and they express the same wish not to keep secrets from each other. The elder, quieter Mme Sirotin, who has been widowed for ten years, is described by Fatincourt as 'maussade' but 'ayant une bonne habitation', which is what matters to him (I.3). Fatincourt observes that Mme Grapin, by contrast, displays 'la mine la plus hétéroclite' and behaves in a way that is not appropriate to her age. This draws on another stereotype of the créole woman: her vanity and above all her failure to keep up with French manners and especially fashion — either because she is behind the times or simply because the high French style appears incongruous in the Caribbean context. This phenomenon is exploited for comic and ironic effect in I.5 when Mme Grapin appears sporting an extravagant hairstyle known as a 'grecque'.[61] This incongruity is no doubt heightened by Grapin's interest in the messy practicalities of her business. Fatincourt comments that 'elle est occupée, elle parle sans cesse de ses canots, des radoubs, des suifs qu'elle leur fait donner. Quand je m'approche d'elle, je crains toujours d'attraper du goudron' (I.3). Most importantly, it is Grapin who displays more initiative than her sister when interrogating and then scolding Fatincourt, in preventing him from marrying Rosalie, and in promoting the marriage between Rosalie and Fonval.

The young widow, Mélite, is also given an important créole or local twist. We learn in II.5 that she has been a widow for two years, during which time she has enjoyed 'une liberté si douce'; she is perfectly eligible to remarry both in terms of social conventions (a suitable period of mourning has passed) and the conventions of comedy (she is still young). As a widow, Mélite is in the fortunate position of being able to aspire to marry for love rather than 'convenance' (see II.5). Her apparent suitability for the chevalier is suggested by Fonval's observation in I.3 that it is widely thought that the two are involved. Although Mélite, like her widowed aunts, wrongly thinks that the chevalier wishes to marry her (and that she loves him), her belief is mistaken rather than absurd. For these reasons, Mélite does not conform to the model of the comic widow and yet, despite her eligibility, she remains unmarried at the end of the play — a fact that, in the context of comedy, suggests that something else is awry. Mélite's ridiculousness lies in another observable, if exaggerated, feature of contemporary life in the French colonies: her inflated sense of superiority over other créole women thanks to a short trip she has made to France. Although the chevalier's assessment of Mélite is hardly generous, it is borne out by what we witness elsewhere in the play. As he says to Fonval in I.3:

> Quant à Mélite, tu sçais que c'est un recueil de toutes sortes de petits ridicules. Pour avoir vécu un hiver en France, où son mari se faisoit, en payant, passer pour homme de qualité, elle s'imagine avoir plus de relief, plus de mérite que celles qui ne sont jamais sorties d'ici. Mais elle n'a apporté de ce voyage-là que quelques degrés d'impertinence de plus.

This snobbery in relation to metropolitan France was widespread and under-standable in a social context that insisted repeatedly on the idea that the socially inferior colonies existed for the benefit of the socially superior métropole.

---

[61] See footnote 22 to the play for details of the *grecque*.

Comments like Leblond's, following his visit to Martinique, abound: 'on a dû remarquer la grande différence qu'il y avait entre les Créoles qui n'étaient pas sortis des Antilles, et ceux qui avaient reçu leur éducation en France'.[62] In contemporary eyes, Mélite's esteem for the positive influence of metropolitan French culture is not necessarily misplaced; rather, her mistake is to believe that one winter spent in France was enough to make her appreciably superior to other créoles. If this is reminiscent of the more familiar comic figure of the provincial or country visitor to Paris, it is of a more piquant variety.

Other local characters in *Les Veuves créoles* are interesting for different reasons. The cast list features 'un Domestique blanc', who is reminiscent of his metropolitan counterparts, and 'plusieurs Domestiques noirs'. The white servant is maître d'hôtel for a client of La Cale's; he speaks and takes an active role in the unfolding of the plot by mixing up two letters and delivering them to the wrong recipients. He is given a respectful form of address, Monsieur Ducoulis, and is entrusted, as his name might suggest, with the task of tasting La Cale's wine on behalf of his master. By contrast, the 'domestiques noirs' are identified by first names only: in II.7 La Cale summons Antoine, Jean-Baptiste,[63] Thomas and Ursule, and in II.8 Mélite asks Victoire for some water and Mme Sirotin speaks to Marie-Rose. While it is not made explicit whether or not these black servants are domestic slaves, the fact that they are referred to as 'nègres' in II.8 when they leave the stage suggests that they are, and aligns them with the 'nègres' who belong to Mme Grapin (see II.2 and III.3). Our sense of their enslavement is enforced by the fact that none of the black characters speaks in the course of the play. Their collective silence, of course, reflects their status as voiceless non-members of colonial society. On the other hand, their ability to speak is important when de La Cale instructs his 'nègres' to go out and spread the — false, as it turns out — news of his having been awarded the Croix de Saint-Louis, and judging by La Cale's report when he returns to the stage in III.6, the slaves perform their task well. Moreover, the linguistic specificity of these characters is felt in the inclusion in II.8 of a single phrase in Gallicized créole.[64] Mme Sirotin's request reads 'Marie-Rose, portez p'tit brin vinaigre, vous tende'. An original note in the text indicates that 'Ceci est un patois Negre', and the fact that no translation is given suggests that it was thought by the playwright to be perfectly intelligible even to metropolitan readers. In ordinary French, the line would read 'Marie-Rose, apportez un petit brin de vinaigre, vous entendez'. What might have been lost on

---

[62] *Voyages aux Antilles*, p. 252.
[63] He also asks Jean-Baptiste to find him a boat to take him to the Governor's residence in Fort-Royal at the end of II.8, to bring his uniform in III.6, and to remove it again in III.9.
[64] Contemporary, un-Gallicized créole would not have had the 'p" before the 'ti(t)', would not have used the subject pronoun 'vous', and would have used a different spelling of 'vinaigre', such as 'vineg'. My thanks to Deborah Jenson for her help with this.

metropolitan readers, however, is the rudeness of the address for, despite Sirotin's apparent use of the vous form, 'vous tende' is brusque in its purport, an impolite and condescending alternative to 's'il vous plaît'. It is interesting to note that this 'patois nègre' is spoken by Mme Sirotin at a moment of urgency in order, it would seem, to communicate promptly and efficiently with her domestic slave. This in turn alludes to an oft-noted phenomenon whereby people, especially women, of European origin and particularly those born on the island, i.e. white créoles, spoke a form of créole in order to communicate with their slaves and others whom they might encounter outside the home.[65] Leblond's account of créole as 'la langue des dames et des Noirs' and 'un langage bizarre, un galimatias difficile à comprendre'[66] conformed to the widely-shared view that créole, now considered a language — or set of languages — in its own right, was merely a corrupt form of French. We remember that part of the alleged benefit of the theatre in the French Caribbean was to ensure continued exposure to a 'pure' form of the French language, and Moreau de Saint-Méry explicitly urged créoles to go to the theatre in order to 'y prendre des leçons de langue'.[67]

Finally, I would like to suggest that in addition to its local colour, *Les Veuves créoles* is of interest as a comedy in its own right. The complementary themes of ridicule, satire and comic correction are established from the opening lines of the play: Fonval freely admits that he had formerly been taken in by the chevalier de Fatincourt, but that he has now 'ouvert les yeux sur mon ridicule', but La Cale persists in praising Fatincourt's skills as a satirist in the French comic tradition: 'il dévoile leurs ridicules & leurs défauts' (I.1). In their discussion of Fatincourt, the question arises as to what distinguishes comic satire from spite. With regard to the play itself, the answer is clear as it is both funny and highly theatrical. The influence of Molière is easy to detect in style as well as theme: if Fatincourt is a more repellent Trissotin figure,[68] Monsieur de La Cale is reminiscent of Molière's comic father figures and particularly of Jourdain who, like La Cale, is a successful businessman and a would-be social climber who likes to adjust his dress according to his perceived status. La Cale's incredulous 'Mais, mon sucre, Monsieur!' in III.9 is, as has been observed, reminiscent of Harpagon's 'ma cassette' in *L'Avare*[69] and, one might add, of Orgon's 'Et Tartuffe?' and even of

---

[65] Although they are generally assumed to be white, it is not absolutely impossible that our widows might have a black ancestor and be living as honorary white people, as some lighter-skinned, financially and socially successful free people of colour did at this time. As indicated in note 2, the term 'créole' was used primarily to indicate a person's place of birth. It was with this ambiguity in mind that the cover image for the present volume, featuring two women of slightly different skin colour (and slightly wavy hair), was chosen.

[66] Leblond, *Voyage aux Antilles*, p. 157.

[67] *Description* vol. 1, p. 440.

[68] See Molière's *Les Femmes savantes* (1672).

[69] Chatillon and Elisabeth, '*Les Veuves créoles*', p. 103.

Sganarelle's 'Mes gages' in *Le Festin de Pierre*. La Cale's position as the only man in an otherwise female household recalls that of Chrysale in *Les Femmes savantes*, although his wish to marry his daughter for his own ends is more akin to Orgon or Argan. Like Molière's creations, La Cale is a compelling character because he is neither entirely ridiculous, nor entirely reasonable. Indeed, the same may be said of the widows, particularly the two older ones who are, as we have seen, successful businesswomen and who see the error of their ways and unite to solve both the external problem of Fatincourt's self-interest and also the internal one of La Cale's. Mme Grapin's outspoken response to the news of La Cale's mark of distinction in II.8 is both comically deflating and bitingly truthful. The potential comic sticking point is indeed Fatincourt who, at the end of the play, admits only to have learned the lesson that 'je me mésalliois, & l'objet n'en vaut pas la peine' (III.10). Like the villainous Tartuffe, Fatincourt, who is also an imposter and who also has no redeeming features, remains unrepentant. But whereas Tartuffe is sent to prison thanks to a late intervention by the all-seeing and benevolent king, Fatincourt retains his Croix de Saint-Louis, granted by a king who is obviously blind to his considerable faults. This point is addressed indirectly by La Cale's final promise to expose the likes of Fatincourt to all readers or spectators of the play. At the close of the play, the widows have seen the truth and learned an important lesson (Mélite in III.1 and Grapin and Sirotin in III.3), La Cale has been brought back to reason primarily by his sisters and now offers himself up as a reformed character, urging all around him to 'profitez de mon exemple pour éviter de donner dans un ridicule où tombent quantité de gens' (III.11). But it will take the collective efforts of the islanders to render Fatincourt and his ilk ineffectual in the future.

In addition to this alleged corrective imperative, the play successfully employs a number of comic theatrical techniques including dramatic irony, as when Fatincourt praises Mme Grapin's sartorial style in terms that clearly have a double meaning: 'personne ne s'habille comme vous: personne' (I.5); later in the same scene, the chevalier adopts the technique of paralepsis to great effect, insisting on his sincerity by claiming that if he did find Grapin ridiculous, he would speak up and say 'Madame, vous vous habillez ridiculement; vous voulez vous donner des airs qui ne vous vont pas; les gens de bon sens vous montrent au doigt'.[70] The chevalier engages in a more virtuosic example of double-speak in I.6 when he manages to hold both sisters by the hand and speak to each without the other noticing.[71] This produces a delightful 'quiproquo' or misunderstanding in the following scene when the sisters each reveal their upcoming marriage without realizing that they are betrothed to the same man. Another 'quiproquo', explicitly

---

[70] This recalls Sganarelle speaking to Don Juan in *Le Festin de Pierre* I.2.
[71] This recalls Don Juan's technique when speaking to Charlotte and Mathurine in *Le Festin de Pierre* II.4.

identified as such by the chevalier in an aside, is thrown into the mix when Mélite mistakenly believes that she has overheard a conversation about her upcoming marriage to the chevalier in II.5. In the midst of this, the plot device of two letters being delivered to the wrong recipient is not original, but the contrast between La Cale's apparent elevation (and corresponding change of clothing) and subsequent humiliation (and corresponding removal of his uniform) when he finally reads the correct letter, written in familiar language and complaining about the poor quality of wine his client has received, is nicely rendered. The play's theatricality is further enhanced by the frequent use of asides, which accentuate the work's performative potential, and these promise to establish a strong complicity with any theatre audience. The play ends with a return to the theme of comic correction — the *castigat ridendo mores* principle — and the slightly awkward recognition on the part of Grapin that in order to have been fully corrected, one must first have been fully duped. La Cale has the last word, and his final speech contains both a warning to the audience to be vigilant in the face of others like Fatincourt, and a promise to name and shame those whom he knows already. The message is that while the créoles may have been duped by the so-called chevalier, they have now seen the error of their ways and are equipped to learn their lesson.[72]

The Text

The text of the present edition is taken from *Les Veuves créoles, comédie en trois actes et prose* (Amsterdam/Paris: Merlin, 1768) held at the Bibliothèque nationale de France, FRBNF33642509. The original, sometimes quirky spelling and choice of punctuation have been retained, but the spacing either side of punctuation marks has been regularized, as has the rendering of ellipses. Any obvious typographical errors have been corrected and indicated in footnotes. The original footnotes have been maintained in their original location in the text and are indicated as such. All editorial footnotes are given in English.

---

[72] We remember that Fonval had already learned his lesson regarding Fatincourt prior to the opening of the play.

LES
VEUVES CRÉOLES,
COMÉDIE

En trois Actes en Prose.

Veniunt à dote sagittæ. Juvenal.

A AMSTERDAM,

& se trouve

A PARIS,

Chez MERLIN Libraire, rue de la Harpe, vis-à-vis la
rue Poupée, à Saint Joseph.

M. DCC. LXVIII.

AVERTISSEMENT.

CETTE Piece court manuscrite depuis l'année derniere à la Martinique pour qui principalement on l'imprime. Quand elle parut, elle fut jugée & critiquée par les beaux Esprits qui se trouverent dans l'Isle ; mais quelques personnes, dont l'Auteur estimoit l'opinion, avant même qu'il sçût ce qu'elles pensoient de l'Ouvrage, le rassurerent un peu sur leurs sentimens ; & d'autres ayant encore depuis mêlé quelques éloges à des observations dont il a tâché de profiter, il s'est déterminé à la faire imprimer. Le beau sexe créol s'est beaucoup déchaîné contre lui, & il ne voit pas pourquoi. Le silence qu'il a observé sur les femmes, devoit leur faire sentir combien il les considere ; car ordinairement quand on se tait sur elles, c'est qu'on en pense bien : cela est sçu de tout le monde. Les veuves n'ont pas plus à se plaindre de lui ; car il fait voir que si des étrangers ont cherché à les tromper, ils n'ont pu y réussir qu'en empruntant un caractere honnête ; alors on est bien excusable de se méprendre. Il fait voir aussi que quelquefois elles ne se sont pas laissé abuser jusqu'au bout. Tout cela prouve en elles de la bonne foi ou de la clairvoyance, & souvent l'une & l'autre ensemble : cela est bien clair. Pour les filles, il en doit être grandement chéri. En deux mots il fait leur éloge, en faisant dire même à un méchant qu'on ne peut obtenir d'elles quelques faveurs qu'à l'aide d'un contrat de mariage. Cela veut dire qu'elles ont le cœur sensible comme ailleurs, mais *en tout bien & tout honneur*, comme on dit ; qu'elles sçavent aimer, mais qu'elles ne croyent aimer que leurs époux futurs ; rien n'est plus honnête & plus louable assurément. Quelques personnes se sont avisées de vouloir critiquer cet endroit-là ; mais ce sont de mauvaises langues. L'Auteur est donc en droit de s'attendre à être fort bien dans l'esprit des femmes, très-estimé des veuves, & chéri par les filles : ce fut toujours là son but. Quelques hommes du pays ont aussi été assez mécontens de lui, tandis qu'il prenoit leur défense. Mais c'est précisément l'histoire de Martine, qui ne vouloit pas que M. Robert empêchât son mari de la battre.[1] Comme cette Comédie pourroit tomber entre les mains de gens peu instruits de quelques usages particuliers du pays pour qui elle est faite, on a cru devoir y mettre quelques notes.

---

[1] This is a reference to Molière, *Le Médecin malgré lui*, I.2.

LES
VEUVES CRÉOLES,
COMÉDIE.

Veniunt à dote sagittæ. Juvénal.[2]

---

[2] Literally 'the arrows come from her dowry'. Taken from Juvenal's Sixth Satire.

PERSONNAGES.

M. DE LA CALE, Négociant.
Madame SIROTIN, ⎱ Sœurs de M. de la
Madame GRAPIN, ⎰ Cale, & Veuves.
MELITE, jeune Veuve, leur Niece.
ROSALIE, Fille de M. de la Cale.
FONVAL, jeune Négociant.
Le Chevalier DE FATINCOURT.
Un Domestique blanc.
Plusieurs Domestiques noirs.

La Scene à Saint-Pierre, Ville de Commerce de la Martinique.

LES
VEUVES CREOLES,
COMÉDIE.

ACTE PREMIER.

SCENE PREMIERE.

M. DE LA CALE, FONVAL.

M. DE LA CALE, *en bonnet & en veste blanche, selon le costume,*
une canne à la main, comme prêt à sortir.

MAIS d'où vient donc ce ton piquant dont vous parlez à présent du Chevalier ? vous étiez autrefois si liés.

FONVAL.

Oui, nous l'étions, & j'en rougis. Les airs qu'il prend, m'en avoient imposé comme à bien d'autres. Je prenois ses impertinences pour un bon ton ; & le voyant fêté par tant de femmes, je croyois qu'il falloit l'imiter pour faire quelque figure. J'ai ouvert les yeux sur mon ridicule, & j'ai vu qu'on pouvoit plaire sans employer ses manieres, qui finissent toujours par attirer le mépris des honnêtes gens.

M. DE LA CALE.

Bon, le mépris ! dites donc l'inimitié de bien du monde. C'est bien les gens comme lui que l'on méprise. Je veux bien croire que quelques personnes le haïssent ; mais les uns, c'est parce qu'il leur porte ombrage, les autres, parce qu'il dévoile leurs ridicules & leurs défauts.

FONVAL.

Ne vous y trompez pas : c'est du mépris tout pur, & sa langue méchante…

M. DE LA CALE.

Mais au reste tant pis pour ceux qui donnent matiere à jaser. Est-ce sa faute à lui si Eliante se deshonore ; si Lucinde se rend ridicule par l'air gauche qu'elle a à se donner des graces ; si la veuve Araminte se fait chansonner en épousant, à cinquante ans, un homme de trente ;[3] si l'ignorant la Batterie[4] entend mieux à faire du sucre qu'à rendre un jugement ; si Chantrelet a la fureur de faire des chansons si plates ; & si tant d'autres méritent aussi d'être épigrammatisés ? Il

---

[3] These appear to be references to individuals living locally according to the fiction of the play.
[4] According to Chatillon and Elisabeth, M. La Batterie is 'un gros planteur' (p. 103).

n'invente rien de tout ce qu'il dit de ces gens-là. Il est vrai qu'il donne aux choses une certaine tournure…Mais enfin il m'amuse moi, & me fait rire quand il me parle d'eux.

FONVAL.

C'est précisément ce qui le rend une connoissance très-dangereuse ; & je crains, si vous me permettez de vous parler franchement, qu'un jour vous ne vous repentiez de l'avoir reçu chez vous.

M. DE LA CALE.

Pour moi je ne le crains pas ; & je suis très-flatté que ma maison lui plaise, & qu'il y vienne souvent. Voyez comme il m'aime ! comme il m'a pris tout-d'un-coup en affection ! comme il en use familierement avec moi ! comme il vient presque tous les jours sans façon manger ma soupe ! Oh que je ne suis pas de ces gens à qui on en impose ! je vois bien quand un homme a véritablement de l'amitié pour moi. J'ai de la sienne des preuves qui ne sont pas équivoques, & il me rend un service qui ne peut être que d'un ami bien sincere. Il m'en coute un peu cher, à la vérité, & je lui ai livré trente bariques de sucre, pour reconnoître les soins qu'un de ses amis veut bien se donner pour moi à la Cour ; mais ce n'est rien en comparaison de l'importance du succès dont il me flatte. Il m'a recommandé de garder le secret ; mais, soit dit entre nous, je me verrai dans peu décoré de façon…patience, patience, on en parlera. Ce n'est, après tout, qu'une espece de justice que l'on me rend ; il me le dit bien.

FONVAL.

J'ai peine à concevoir les grandes raisons qui vous attachent si fort à lui ; mais quelles qu'elles puissent être, si j'étois, ainsi que vous, pere de famille, & à la tête d'une maison remplie de femmes, la porte en seroit fermée à lui & à ses semblables.

M. DE LA CALE.

Comment ! croyez-vous que mes sœurs puissent donner prise sur elles ? parbleu…

FONVAL.

Je suis loin de le penser. Mais bien souvent la méchanceté…

M. DE LA CALE.

Oh ! méchanceté tant qu'il vous plaira, il n'y a rien à dire. Mes sœurs sont à finir leur tems : Mélite est étourdie, si vous voulez, mais c'est la jeunesse qui fait cela. Elle a au fond de l'éducation & des mœurs. Pour ma fille, je suis bien tranquille sur son compte: c'est un enfant. (*un peu bas*) Je ne serois pourtant pas fâché qu'elle eût quelque goût pour lui.

FONVAL, *un peu ému.*

Plaît-il ? que dites-vous, Monsieur, de votre fille ?

M. DE LA CALE.

C'est un projet que j'ai dans la tête, & vous pourriez, si vous vouliez, m'aider un peu là-dedans.

FONVAL.

Voyons ; qu'est-ce ? avec grand plaisir.

M. DE LA CALE.

J'ai envie de faire faire au Chevalier une proposition par dessous main. Il s'agiroit, avant tout, de sçavoir ce qu'il pense de Rosalie. Là...sans faire semblant de rien...

FONVAL (*à part*).

Quel coup de foudre !

M. DE LA CALE.

Il faudroit, le plus adroitement possible...

FONVAL.

Quoi ! vous voulez que je me charge...

M. DE LA CALE.

Deux mots seulement : lui faire entendre qu'elle lui convient. Ce seroit un mariage brillant. C'est une bonne idée, n'est-ce pas ? faites cela, faites cela ; je vous serai bien obligé.

FONVAL (*à part*).

Je ne sçaurois y tenir davantage : il faut que je rompe le silence. Puisque nous sommes ici seuls : Monsieur,...& que nous sommes là-dessus...permettez-moi de vous proposer une affaire, & de vous avouer...

M. DE LA CALE.

Une affaire ! oh, nous verrons cela tantôt. Il faut à présent que j'aille à mon magasin faire arranger le reste de ma derniere cargaison.

FONVAL, *le retenant.*

Si vous vouliez, Monsieur, un instant...deux mots suffiront pour...

M. DE LA CALE.

N'est-ce pas pour cette farine de[5] *Moissac* qu'on doit nous envoyer de la *Dominique*[6] ? C'est une affaire faite. Dites au Capitaine Anglois que je lui enverrai les pieces[7] étampées de quatre cens barils ; mais qu'elle soit belle.

FONVAL.

Hélas ! il ne s'agit pas de cela : c'est quelque chose d'une bien plus grande conséquence…

M. DE LA CALE.

Ah ! c'est donc pour ces deux bateaux de bœuf[8] étranger que vous voulez faire débarquer cette nuit. Eh bien, avez-vous vu le Capitaine[9] du Domaine ? vous êtes-vous arrangé avec lui ?

FONVAL.

Mon Dieu, oui, il est d'accord de tout ;[10] mais…

M. DE LA CALE.

Et que craignez-vous donc ? faites débarquer, faites débarquer en toute sûreté. Il y a apparence que nous en tirerons un bon parti. Je reviendrai dans deux heures ; nous nous verrons à ce sujet-là.

SCENE II.

FONVAL, *seul.*

Il veut donner Rosalie au Chevalier de Fatincourt ! que je suis malheureux !… Je meurs d'impatience de la voir…Pourquoi faut-il qu'elle ne soit pas ici !…Mais quelqu'un vient : c'est peut-être elle…non, c'est le Chevalier ; que ne suis-je sorti plutôt !

---

[5] Original footnote: *La farine de Moissac est d'une des meilleures qualités de celles que l'on transporte dans les Colonies.*

[6] Situated between Guadeloupe and Martinique, the island of Dominica was ceded by France to the English as part of the Treaty of Paris in 1763.

[7] Original footnote: *Les barils dans lesquels on la met, sont marqués du nom de son crû. Il en est de même de toutes les autres farines qui viennent de France.*

[8] Original footnote: *Il est défendu, sous des peines très-graves, d'introduire dans l'isle d'autre bœuf salé que celui que l'on apporte de France.*

[9] Original footnote: *Le Domaine dans cette occasion est un petit bâtiment qui rode incessamment sur les côtes de l'isle, pour empêcher le commerce étranger. Le Capitaine qui le commande, quand il voit quelque bâtiment qui cherche à acoster la terre, & qu'il s'en méfie, envoie à son bord, & le fait visiter. Il est confisqué s'il se trouve en contrebande.*

[10] Fonval, the deserving young man of the play, is complicit with La Cale in smuggling foreign goods into the French colony. The playwright appears to be gently satirizing well-known local customs rather than offering a serious critique of them.

SCENE III.

Le Chev. de FATINCOURT, FONVAL.

LE CHEVALIER.

Ah ! te voilà, mon ami. Eh bien, que fais-tu là tout seul ? rêves-tu à tes amours ?

FONVAL.

J'attends le retour de ces Dames. Mélite est sortie en visites ; Madame Sirotin est avec son économe[11] à prendre des arrangemens pour son habitation.[12]

LE CHEVALIER.

Oui, oui ; je sçais ce que c'est. C'est par mon conseil qu'on les prend.

FONVAL.

Madame Grapin est, je crois, à faire radouber ses canots.

LE CHEVALIER.

C'est encore par mes avis ; je lui ai conseillé de se défaire de quelques-uns, après les avoir mis en état.

FONVAL.

Pour M. de la Cale, il est à faire débarquer des marchandises.

LE CHEVALIER.

C'est fort bien fait à lui ; il a raison d'amasser du bien, il s'en fait honneur. Et sa fille, à propos, qu'en fais-tu ? Je ne sçais plus où tu en es avec elle. Je te vois à présent si rarement !

FONVAL.

Oh ! sa fille,…crois-moi, laissons-la là.

LE CHEVALIER.

Parbleu c'est fort plaisant. Je pense que tu veux jouer avec moi le discret ! c'est inutile : je ne t'en ferai pas un mérite ; ainsi renonce à ces simagrées-là.

FONVAL.

Non, je ne fais pas le discret ; mais ces questions-là me déplaisent.

LE CHEVALIER.

Je vois ce que c'est. Tu ne sçaurois en venir à bout, & tu veux abandonner la partie. Mais aussi tu as un air trop honnête pour prendre ici auprès des femmes.

---

[11] The anonymous author of the *Voyages du Comte de **** à Saint-Domingue, en 1730* describes an 'économe' as 'chargé de la conduite de son [i.e. the plantation owner's] bien, espèce de principal domestique'. In *Voyages intéressans dans différentes colonies françaises, espagnoles, anglaises, etc.* (London/Paris: Jean-François Bastien, 1788), pp. 85–170 (p. 100).
[12] Here the word 'habitation' indicates a plantation.

Rien ne retarde tant en amour comme la modestie & le peu de confiance en soi-même. Ce qui m'a mis en vogue, je le sens bien, c'est ma suffisance, & le titre de Chevalier que j'ai pris en mettant pied à terre.[13] On m'avoit donné le mot.

FONVAL.

J'ai bien peur dans ce cas-là d'être toute ma vie malheureux en amour ; car il n'y a pas d'apparence que je devienne jamais Chevalier, à moins que je ne me dépayse : dans ce cas-là, je pourrois bien faire comme tant d'autres.

LE CHEVALIER.

J'ai, du reste, un avis à te donner, en cas que tu parviennes à la captiver, comme il se pourra faire avec de la persévérance ; prens bien garde de t'avancer trop loin. C'est le diable que de terminer avec les filles d'ici.[14]

FONVAL.

Comment ?

LE CHEVALIER.

Oui : elles sont tenaces à l'excès : vous ne sçavez plus par où finir avec elles, ni vous en séparer quand elles vous ennuient. Elles sont toutes si singulieres…si ridicules…elles n'ont que le mariage dans la tête. Elles veulent qu'on les épouse exactement.

FONVAL.

Nous verrons cela.

LE CHEVALIER.

Oui, on ne peut en obtenir quelque faveur un peu sérieuse, qu'à l'aide d'un bon contrat de mariage prêt à signer. Promets, mon ami, promets tant qu'il le faudra, mais ne vas pas faire la folie…

FONVAL.

Oh je n'ai garde. (*à part*) Que cet entretien-là me gêne !

LE CHEVALIER.

Ce ne seroit pardonnable qu'à moi. Ce n'est qu'à moi qu'un mariage siéroit bien. Mais toi tu n'en es pas à ces expédiens-là. Il me vient une idée pour te tirer d'embarras, & te sauver des difficultés. Cette petite Rosalie, comme tu vois, te fait perdre ton tems : faisons ensemble un accommodement. Je te céderai les bonnes

---

[13] This indicates that Fatincourt, who is misleadingly referred to as Le Chevalier throughout the text of the play, took the title of 'chevalier' only when he arrived in Martinique. Fonval's response indicates that the phenomenon of individuals falsely ennobling themselves when abroad is a common one.

[14] The suggestion is that, from Fatincourt's point of view, unmarried woman in Martinique behave somewhat differently from unmarried women elsewhere i.e. in metropolitan France.

femmes que j'ai, & je prendrai ta place auprès d'elle. Tu ne perds pas au marché,[15] je t'en donne trois pour une. La conquête, il est vrai, n'en sera pas bien brillante ; je les ai réduites en fort peu de tems : aussi tu ne m'en vois pas plus fier : j'y suis accoutumé, & cela m'a si peu coûté !

FONVAL.

Non, Chevalier, j'aime encore mieux perdre mon tems auprès de Rosalie, que de réussir auprès des trois femmes dont tu as fait, dis-tu, la conquête.

LE CHEVALIER.

Ah ! tu ne veux pas : c'est bientôt dit. Cependant si j'en étois bien tenté…mais je ne suis pas homme à mauvais procédé…Plus j'y pense pourtant, plus je vois que cet arrangement-là me conviendroit ; car enfin me voilà avec ces femmes-là sur les bras. Comment finir à présent ? m'en amuser ? en tirer parti seulement pour le plaisir ?…Non, il n'y a pas d'apparence : cela n'en vaut guere la peine. Les épouser ?…ce seroit assez mon but ; mais le choix m'embarrasse.

FONVAL.

Moi je pencherois pour Mélite : c'est la plus vive, la plus jeune…

LE CHEVALIER.

La plus jeune ! oui vraiment, & c'est ce qui me fâche. Il faudroit tirer au court bâton, se défier à qui survivroit. Non, c'est trop fatigant ; encore, si elle avoit plus de bien que les deux tantes, à proportion du moins d'années qu'elle a, passe… nous verrions ; mais c'est ce que j'ignore.

FONVAL.

Et les deux autres, qu'en penses-tu ?

LE CHEVALIER.

Les deux autres ?…Si je connoissois au juste leurs facultés, je serois bien-tôt décidé. Je fais tout ce que je peux pour m'en éclaircir, sans me compromettre, & je n'ai pas encore pu en venir à bout. Mais à bien égal, je donnerois la préférence à Madame Sirotin : elle est l'aînée, elle mérite le pas.

FONVAL.

C'est aimer l'ordre.

LE CHEVALIER.

Mais n'importe laquelle, il faut absolument que j'en aie une de la famille. Voilà six ans que je suis à la Martinique, & je n'ai point de tems à perdre. J'ai fait pour y venir d'assez grands sacrifices, pour prétendre à quelque chose qui m'en dédommage. J'ai quitté la France, mes amis, mon service (il est vrai que j'ai

---

[15] The metaphor of male-female relations as a market managed by men is especially resonant in the context of a colony dedicated to commerce.

trouvé à peu-près à le suivre ici), il faut nécessairement que je trouve encore quelque parti en état de payer mes dettes, & de me faire reparoître en France, & je ne vois nulle part rien qui soit plus mon fait que dans cette maison-ci.

FONVAL.

Et le mouchoir une fois jetté, comment te tirer d'affaire avec les autres ? que diront-elles ?

LE CHEVALIER.

Tout ce qu'elles voudront, mais sans avoir le droit de se plaindre de rien.

FONVAL.

Cependant on dit…

LE CHEVALIER.

Vraiment je sçais bien qu'on dit beaucoup de choses ; mais que m'importe ? je ne me suis engagé à rien vis-à-vis d'elles : c'est positif. Je ne leur ai jamais fait que de ces avances sur lesquelles on ne peut rien tabler, & qui donnent malgré cela beaucoup à espérer. Elles s'imaginent en effet toutes trois que je les aime à la fureur, & c'étoit bien mon intention ; mais après tout ma conscience ne tient à rien. Cela fait, il est vrai, de beaux objets ! Y a-t-il rien de si maussade que cette Madame Sirotin ?…Mais elle a une bonne habitation, & c'est tout ce qu'il faut pour faire une femme. Et sa sœur, c'est bien la mine la plus hétéroclite ! A son âge, elle a des prétentions comme à vingt ans. Elle est occupée, elle parle sans cesse de ses canots, des radoubs, des suifs qu'elle leur fait donner. Quand je m'approche d'elle, je crains toujours d'attraper du goudron. Quant à Mélite, tu sçais que c'est un recueil de toutes sortes de petits ridicules. Pour avoir vécu un hiver en France, où son mari se faisoit, en payant, passer pour homme de qualité, elle s'imagine avoir plus de relief, plus de mérite que celles qui ne sont jamais sorties d'ici. Mais elle n'a apporté de ce voyage-là que quelques degrés d'impertinence de plus.

FONVAL.

A t'entendre parler, diroit-on que c'est de femmes à qui tu as cherché à plaire ?

LE CHEVALIER.

Tout cela est à la lettre : & puis cherché à plaire ?…Il y a bien des choses à dire là-dessus : je n'ai jamais eu grande peine : je ne m'en suis jamais trop inquiété.

FONVAL.

Ce n'est pas ce qu'on débite dans le public, & l'on prétend que tu as tant fait que tu te trouves à présent le plus joliment du monde avec Mélite.

LE CHEVALIER.

Oh le plus joliment ! comment l'entends-tu ?

FONVAL.

Moi ! je l'entendrai comme tu voudras…euh !…qu'en est-il ?

LE CHEVALIER.

Mais…s'il faut dire les choses telles que…non, ne me questionne pas là-dessus. Je me fais scrupule de rien dire qui puisse faire le moindre tort à aucune femme.

FONVAL.

Je ne m'attendois pas à celui-là.

LE CHEVALIER.

Je t'en prie, ne parle de rien ; ne vas pas dire…

FONVAL.

Non, je te jure ; je ne sçais rien, comment parlerai-je ? & je suis éloigné d'ajouter foi aux faux bruits que l'on fait courir.

LE CHEVALIER (*à part*).

Quel esprit ! il ne sçait rien deviner.

FONVAL (*à part*).

L'abominable homme !

LE CHEVALIER.

J'apperçois Mélite qui rentre. Il faut que je voie à finir avec elle ; que je tâche à prendre quelque parti pour ou contre. J'ai pour cela besoin d'un tête-à-tête ; laisse-moi le champ libre, je te prie.

FONVAL.

De tout mon cœur, adieu.

SCENE IV.

MÉLITE, le Chevalier de FATINCOURT.

LE CHEVALIER.

Ah ! Madame, je mourois d'impatience en vous attendant.

MÉLITE.

Et moi d'ennui, Chevalier, il n'y a qu'un moment. Mon Dieu, la triste compagnie ! Il est bien désagréable d'être obligé à un certain cérémonial avec de tels gens. Se peut-il qu'il y ait dans ma famille de pareilles especes ?

LE CHEVALIER.

La nature s'est trompée, Madame, assurément.

MÉLITE.

Je sors de chez Clorinde. Outre le désagrément de sa personne, j'y rencontre toujours les mêmes figures : toujours un Monsieur Dumoulin, qui ne sçait que vous lasser les oreilles de son sucre, de ses cannes, de son rafineur. Il parle pots & formes depuis le matin jusqu'au soir. Vous connoissez le petit Plateville ? Il tient le dé dans cette maison, à ce qu'il paroît. Il nous assomme de son ton de garnison, qui est du dernier dégoûtant. Il régale son monde de tems en tems de ses petites aventures, & voudroit se donner pour petit-maître[16] & pour homme de bonne compagnie ; mais les hommes connoisseurs se disent tout bas quelle est l'espece de bonne compagnie qu'il a toujours fréquentée, & ne le regardent que comme un polisson, dans toute l'étendue du terme.

LE CHEVALIER.

Et cette grande fille que j'y vois souvent, qui va se marier…là…pour raison…y étoit-elle aussi ?

MÉLITE.

Oui vraiment elle y étoit, & nous a entretenus long-tems de sa vertu, à laquelle, comme vous sçavez, on ne croit plus guère.

LE CHEVALIER.

Et cette vieille veuve, qui à force de répéter qu'elle ne veut plus se marier, nous fait juger qu'elle en meurt d'envie ?

MÉLITE.

Elle nous a encore juré à tout propos qu'elle veut absolument mourir sa maîtresse. Je suis caution qu'elle tiendra sa parole ; car personne ne se trouve tenté de lui faire fausser son serment, à moins que quelque affamé…

LE CHEVALIER.

Convenez qu'en général c'est une résolution bien folle à prendre.

MÉLITE.

Oui, mais il seroit bien sage de la suivre ; & au fond je trouve qu'elle a bien raison.

LE CHEVALIER.

Sans doute elle a raison : cela lui est permis, à elle & à ses semblables[17] ; mais il n'en est pas de même de tout le monde ; & je dis qu'il faut que la tête tourne pour faire de ces sermens-là.

MÉLITE.

Hélas ! je commence à le croire.

---

[16] In the original, there is a space in place of the î in 'maître'.
[17] Even Fatincourt acknowledges that (older) widows are under no obligation to remarry.

LE CHEVALIER.

Moi, par exemple, tant il est faux que les caracteres ne changent jamais, j'avois une antipathie singuliere pour le mariage ; je me serois brouillé avec mon meilleur ami, s'il m'en avoit parlé, auroit-ce été avec la plus riche & la plus aimable héritiere du monde ; à présent je conçois qu'on peut être heureux même dans cet état-là ; j'y entrevois des plaisirs que je n'imaginois pas possibles. Voyez quel changement ! Eh bien, cela m'est venu, je ne sçais comment.

MÉLITE (*à part*).

Je vois bien où il en veut venir. Comme il amene les choses délicatement !

LE CHEVALIER.

Mais vous, Madame, vous seriez-vous par hasard engagée dans la même entreprise où je vois tant de femmes échouer ? Aimable & prudente comme vous êtes, vous avez dû bien vous en garder.

MÉLITE.

Non, je n'ai jamais formé de ces desseins, que tant d'événemens peuvent faire évanouir. Je ne sçais ce que le Ciel me destine ; mais je vous avouerai que je tremble quand je songe à l'éternité peut-être de chagrins où le mariage nous expose.

LE CHEVALIER.

Ce n'est pas vous, Madame, qui devez craindre des suites aussi funestes ; c'est bien plutôt une éternité de plaisirs que vous devez espérer.

MÉLITE.

Oui, avec de certaines personnes ; mais tout le monde ne se ressemble pas.

LE CHEVALIER (*à part*).

Avec de certaines personnes ! bon, voilà des avances. (*haut*)[18] Tout le monde, sans contredit, ne se ressemble pas ; mais l'esprit & l'usage du monde que vous avez, doivent vous mettre à l'abri de faire un mauvais choix. Et quel homme assez dur pour vous mettre dans le cas de regretter la liberté que vous lui auriez sacrifiée ?

MÉLITE.

Vous me flattez, je le vois, & je sçais ce qu'il faut prendre des douceurs que vous me dites.

LE CHEVALIER.

Non, d'honneur, je ne flatte point : c'est bien sincere. (*à part*) Elle est la dupe de tout, elle a beau dire.

---

[18] In the original, the stage direction appears on a separate line between 'des' and 'avances'.

MÉLITE.

Mais en effet je ne vois pas en quoi un homme auroit à se plaindre de moi, & je puis dire avoir l'esprit assez liant & assez complaisant. Mon cœur seroit tout à celui que j'en aurois cru digne. Je n'ai point le défaut si commun ici[19] d'être jalouse ; quant à la fortune…

LE CHEVALIER *lui prenant la main.*

Eh si donc, Madame, devez-vous parler de cet article-là ? Avec vous il doit être compté pour rien, ainsi qu'avec celles en qui tant d'agrémens pourroient y suppléer…Eh bien donc…puisque vous le voulez absolument,…quant à la fortune. (*à part*) Voici le moment décisif.

MÉLITE.

Quant à la fortune, si elle n'est pas des plus brillantes, au moins elle est honnête ; & les prétentions que j'ai, doivent un jour l'augmenter considérablement. Mes espérances ne sont pas frivoles, puisqu'elles sont fondées sur partie des biens de mes tantes.

LE CHEVALIER (*à part, lui laissant aller la main*).

Des espérances ! Elles n'ont toutes que cela à dire ; voilà leur Vaudeville : cela me tue. Des espérances !

MÉLITE.

Peut-être cela ne laissera-t-il pas que de se monter haut, comme vous pouvez sçavoir.

LE CHEVALIER (*à part*).

Dans ce cas-là il vaut mieux s'adresser à la source.

MÉLITE.

Ah Dieu ! je vois venir Madame Grapin. Sa présence ne pouvoit jamais être plus importune. Je suis dans un trouble, une agitation…Adieu, Chevalier, je souhaite que les momens que vous allez essuyer, vous paroissent aussi longs que ceux que je viens de passer m'ont paru courts.

LE CHEVALIER (*froidement*).

Tout au moins, Madame, il y a à parier.

---

[19] Mélite attempts to distance herself from what she perceives as a local tendency to be jealous.

SCENE V.

Mad. GRAPIN, le Chev. de FATINCOURT.

LE CHEVALIER (*à part*).

Allons, il faut absolument me décider, tandis que j'y suis, & rayer celle-là de mon catalogue. Ce sera donc une des tantes qui l'emportera, peut-être celle-ci, voyons.

Mad. GRAPIN.

N'est-ce pas Mélite qui sort d'avec vous, Chevalier ?

LE CHEVALIER.

J'étois avec elle, en vous attendant.

Mad. GRAPIN.

Elle vient de se donner en ridicule dans la maison d'où elle sort. Plût à Dieu qu'elle voulût prendre de vous un ton plus honnête & plus décent !

LE CHEVALIER.

Il est vrai qu'elle donne dans de grands travers, & j'en suis mortifié à cause de sa famille.

Mad. GRAPIN.

Il lui seroit si facile d'être aimable ! Je connois tant de femmes qui ne sont jamais sorties de l'isle, & que tout le monde préférera à elle.

LE CHEVALIER.

Sans doute : vous, par exemple, Madame, je trouve qu'il n'y a pas de comparaison à faire de vous à elle.

Mad. GRAPIN.

Ah, Monsieur le Chevalier !

LE CHEVALIER.

Non, c'est sans compliment. Elle n'a point ce maintien gracieux, cet air ouvert, ce port noble ; elle n'a point cette tournure aisée dans les manieres, cette…

Mad. GRAPIN *se rengorgeant*.

Tout de bon, trouvez-vous cela ?

LE CHEVALIER.

C'est à la lettre.

Mad. GRAPIN.

Vous croyez donc que je ne serois ni déplacée, ni embarrassée, si je me trouvois tout-d'un-coup au milieu de Paris, dans le plus grand monde ?[20]

---

[20] Throughout this scene, we see that Mme Grapin displays a strong sense of her perceived inferiority as a créole. Her solution is paradoxical: by seeking to be as well-dressed as a fashionable *Parisienne*, she wants to prove that créole women are the equals of Parisian women.

LE CHEVALIER.

Comment, déplacée à Paris ! pas même à la Cour. On vous y étudieroit, on vous y copieroit.

Mad. GRAPIN.

C'est pourtant naturel chez moi.

LE CHEVALIER.

C'est étonnant ; car personne ne s'habille comme vous : personne...[21]

Mad. GRAPIN. *se rajustant.*

Oh pour cela, je me pique en effet d'avoir du goût. Comment trouvez-vous ma grecque[22] aujourd'hui ?

LE CHEVALIER.

On ne peut pas plus élégante.

Mad. GRAPIN.

Oh ! c'est ma folie que la grecque.

LE CHEVALIER.

Que n'ai-je sçu cela plutôt ! j'ai reçu, il y a quelque tems, le modele de la derniere grecque de mode à la Cour, je vous l'aurois prêté.

Mad. GRAPIN.

Ah ! de grace, Chevalier, faites m'en faire un[23] gabaris ; &, si vous le pouvez, rendez-moi le service d'engager quelques femmes de vos amies à vous faire faire toutes les modes nouvelles à la minute qu'elles prendront faveur. Quand je devrois y employer le revenu de tous mes canots, je veux faire voir aux étrangers qu'ici nous valons quelque chose.

LE CHEVALIER.

Vous n'avez pas besoin de cela, Madame, vous n'en avez pas besoin ; il semble que vous préveniez les modes, & j'admire en cela la justesse de votre goût. Cette

---

[21] In the *Voyages du Comte de **** à Saint-Domingue, en 1730* in *Voyages intéressans [sic] dans différentes colonies françaises, espagnoles, anglaises, etc.* ... (London/Paris: Jean-François Bastien, 1788), the narrator writes of his future wife, an aged widow, that 'son ajustement recherché ajoûtait au ridicule de sa personne' (p. 128).

[22] 'La Grecque' was an extravagant hairstyle. 'En 1764, on était coiffé *à la Grecque*, lorsque les cheveux de devant étaient crépés et relevés en toupet au sommet ou derrière lequel on plaçait un bonnet, des fleurs ou des plumes'. *Costumes français depuis Clovis jusqu'à nos jours, extraits des monuments les plus authentiques de sculpture et de peinture; avec un texte historique et descriptif, enrichi de notes sur l'origine des modes, les mœurs et usages des Français aux diverses époques de la monarchie* (Paris: Massard, Milfliez et Cie, 1834–1839), vol. 3 (1838), p. 298.

[23] Original footnote: *On appelle gabaris le plan avec les proportions d'un bâtiment de mer quelconque.*

façon de porter ainsi le mantelet, par exemple, n'étoit pas en vogue, il y a trois mois ; eh bien, je gage que les premiers vaisseaux qui arriveront, nous diront que c'est comme cela qu'on le porte à présent à la Cour.

Mad. GRAPIN.

Je donnerois quelque chose de bon.

LE CHEVALIER.

Oh, Saint-Pierre se forme prodigieusement !

Mad. GRAPIN.

Il y a cependant des gens qui tournent en ridicule & nous & notre ton.[24]

LE CHEVALIER.

Des gens sans goût, Madame ; ne vous en rapportez pas à eux.

Mad. GRAPIN.

Je m'en garderai bien, & là-dessus vous êtes plus croyable que personne.

LE CHEVALIER.

Sans doute, car je suis sincere ; & si je trouvois sur vous quelque chose à redire, je vous en avertirois naturellement. Ce ne seroit pas vous que je voudrois tromper là-dessus : ce ne seroit pas la personne du monde que j'aime & que je considere le plus.

Mad. GRAPIN.

Je m'en rapporte à votre bonne foi.

LE CHEVALIER.

J'aurois le courage de vous dire tout bonnement : Madame, vous vous habillez ridiculement ; vous voulez vous donner des airs qui ne vous vont pas ; les gens de bon sens vous montrent au doigt. Oui je vous dirois tout cela, si je croyois que cela fût.

Mad. GRAPIN.

Quelle franchise !

LE CHEVALIER.

Mais au reste je suis mauvais juge en ceci. Je sens bien que vous pourriez avoir des défauts sans que je m'en apperçusse. Il m'est permis d'être aveugle sur votre compte.

---

[24] As befits a comedy set in the colonies, the playwright too is complicit in mocking some of the more ridiculous local customs. However, the moral message of the play ultimately appears to support the integrity of créole life in comparison with life in metropolitan France. See the Introduction to the present volume for more discussion of this.

Mad. GRAPIN.

Oh Ciel ! voilà ma sœur. Que vient-elle faire ? Il est quelquefois bien incommode d'avoir des parens.

LE CHEVALIER (*à part*).

Quel contretems ! J'étois au moment où j'allois décider quelque chose, & voilà qu'on nous interrompt.

SCENE VI.

Mad. GRAPIN, Mad. SIROTIN, le Chevalier de FATINCOURT.

Mad. SIROTIN, *avec lenteur*.

TOUTES mes dimensions sont prises, Monsieur le Chevalier, l'année prochaine je ne devrai pas un sol. Je serai en état de vendre mon habitation, qui sera alors dans sa plus grande valeur.

Mad. GRAPIN.

Depuis quand avez-vous dessein de vendre ? Pourquoi donc cela, ma sœur ?

Mad. SIROTIN.

Pour bien des raisons que vous sçaurez, ma sœur.

Mad. GRAPIN.

Vous êtes de la confidence, Monsieur.

LE CHEVALIER.

Madame en effet m'a fait part de l'envie qu'elle avoit de cesser de vivre à la campagne ; & je lui ai conseillé en ami…

Mad. SIROTIN.

En ami, c'est bien vrai ça.

LE CHEVALIER.

De vendre & de se fixer en France.

Mad. GRAPIN.

Ah, vous avez envie de vous fixer en France, ma sœur ?

Mad. SIROTIN.

Oui, s'il vous plaît, ma sœur.

Mad. GRAPIN.

C'est à merveille : vous y figurerez bien ; que je crois.

Mad. SIROTIN.

Mais tout comme une autre, je m'en vante. Et vous-même, ma sœur, on dit que vous cherchez à vous défaire de vos maisons.

Mad. GRAPIN.

On vous a dit vrai, & peut-être avons-nous aussi des vues sur la France.

Mad. SIROTIN. (*à part*).

Des vues sur la France ! Il y a quelque chose là-dessous.

Mad. GRAPIN (*à part*).

D'où peut lui être venu une envie si brusque, sans nous l'avoir communiquée ?

LE CHEVALIER.

C'est-à-dire, Mesdames, que j'aurai la douleur de vous voir partir toutes deux. Il est malheureux souvent de s'attacher trop à ses amis.

Mad. SIROTIN.

Mais cela peut ne rien faire, & je ne désespere pas de nous revoir en France. (*à part*) Comme il fait l'ignorant ! Tant mieux, il a raison.

Mad. GRAPIN.

Il y a, Chevalier, tant d'événemens qui peuvent nous rassembler. (*à part*) Hélas ! où ne m'ennuirois-je pas sans lui ?

LE CHEVALIER.

Ma plus grande satisfaction seroit sans doute de pouvoir un jour nous voir réunis pour toujours, comme nous sommes à présent.

Il prend une main à toutes les deux, de façon que l'une ne s'apperçoit pas qu'il la serre à l'autre.

Mais mon sort dépend d'une personne qui m'est bien chere ; quelque part qu'elle aille, je suis tout disposé à la suivre ; elle n'a qu'à dire deux mots.

Mad. GRAPIN (*à part*).

Ah pourquoi ne sommes-nous pas seuls ! les deux mots seroient bientôt dits.

Mad. SIROTIN (*à part*).

Ah si ma sœur n'étoit pas là ! Il faut convenir qu'il m'aime bien !

LE CHEVALIER.

Oui, elle n'a qu'à parler, & je la suis par-tout. Cela me sera d'autant plus facile, que j'attends de la Cour ma retraite & la récompense de mes services. Depuis mon enfance, à-peu-près, je sers ; je veux vivre à présent tranquille ; & si je reçois, comme je l'espere, incessamment la croix[25] que l'on sollicite pour moi, je ne dépendrai plus de rien, & je pourrai me livrer sans réserve à tout ce que l'amour exigera de moi.

---

[25] The Croix de Saint-Louis was awarded for distinguished military service.

Mad. GRAPIN.

Quoi, vous attendez la croix !

LE CHEVALIER.

De jour en jour.

Mad. SIROTIN (*à part*).

Et m'aimer encore, quelle complaisance !

LE CHEVALIER, *leur serrant encore la main.*

C'est-là ma seule attente : elle remplie, tous mes desirs se tourneront vers la personne à qui je suis prêt à me lier pour la vie. Mais c'est une confidence que je vous fais à toutes deux ; de grace n'en ouvrez la bouche à personne. (*à part, en s'en allant*) Ce n'est pas ici le moment de rien terminer ; & je suis plus indécis que jamais.

Mad. GRAPIN.

Il faut espérer que tout ira bien de toutes les manieres. (*à part*) Comme ce garçon-là m'aime !

Mad. SIROTIN (*à part*).

Je ne me sens pas d'aise.
↳ uneasy

SCENE VII.

Mad. GRAPIN, Mad. SIROTIN.

Mad. SIROTIN (*à part*).

J'AI envie de dire à ma sœur ce que j'ai dans l'ame à son sujet.

Mad. GRAPIN (*à part*).

Si je disois à Madame Sirotin deux mots de notre dessein ?

Mad. SIROTIN.

Ma sœur, j'ai une confidence à vous faire.

Mad. GRAPIN.

Ce sera donc confidence pour confidence ; car j'ai aussi quelque chose à vous communiquer.

Mad. SIROTIN.

Cela va faire, je crois, toute la famille bien contente.

Mad. GRAPIN.

Je serai bien applaudie de tout le monde quand on sçaura cela.

Mad. SIROTIN.

Ma sœur, c'est que j'ai une envie.

Mad. GRAPIN.

J'en ai une aussi…mais la meilleure envie du monde…(*à part*) Lui dirai-je ?…
(*haut, un peu embarrassée*) Que dites-vous, ma sœur, de M. de Fatincourt ?

Mad. SIROTIN.   *↳ le Chevalier*

Oh ! je dis qu'il est bien aimable, en vérité.

Mad. GRAPIN.

Vous pensez bien comme moi ; & ce qui me surprend, c'est que, depuis qu'il est
ici, il ne se soit trouvé personne qui ait voulu faire son bonheur en l'épousant.

Mad. SIROTIN.   *↳ no cue vouti ro marry him*

(*à part*) Voudroit-elle me sonder ?…(*haut, aussi un peu embarrassée*) Mais on
dit que cela ne tardera pas,…que son choix est fait, & son cœur fixé.

Mad. GRAPIN.

(*à part*) En auroit-il dit quelque chose, ou bien se seroit-elle apperçue de notre
intelligence ?…(*haut, en baissant les yeux*) Vous êtes donc instruite de cela ?

Mad. SIROTIN, *en baissant aussi les yeux.*

Mais vous pouvez bien le penser.

Mad. GRAPIN.

Je le pense aussi ; & même que vous n'ignorez pas quel est l'objet…

Mad. SIROTIN.

(*à part*) Elle veut m'en tirer l'aveu, je le vois…(*haut*) Oui je le sçais à-peu-près.

Mad. GRAPIN.

(*à part*) Le petit indiscret, il en aura parlé…(*haut*) Et trouvez-vous que cette
personne ne puisse rien faire de mieux ?

Mad. SIROTIN *vivement.*

Ah ! je vous le demande, ma sœur.

Mad. GRAPIN.

Je vois, ma sœur, qu'il n'est plus tems de dissimuler, & nous pouvons maintenant
parler à cœur ouvert. Soyez certaine au reste que je n'aurois pas tardé à vous en
parler.

Mad. SIROTIN.

Mon intention étoit de m'ouvrir à vous à ce sujet-là dès aujourd'hui.

Mad. GRAPIN.

Vous êtes la premiere au moins à qui j'en parle.

Mad. sirotin.

Je connois votre discrétion & votre amitié : de mon côté aussi, il ne me convenoit pas que personne en fût instruit avant vous.[26]

Mad. grapin.

Vous croyez donc sincérement qu'une femme avec lui puisse être heureuse ?

⌐ questions hiu

Mad. sirotin.

Ah ! ma sœur, si elle doit l'être ! en doutez-vous ?

Mad. grapin.

Non, personne n'en est plus convaincu que moi. N'a-t-il pas tout ce qui faut pour cela ?

Mad. sirotin.

Et vous croyez que toute la famille y donnera son approbation de bon cœur ?

Mad. grapin.

Avec la vôtre & celle de mon frere on peut bien s'en passer.

Mad. sirotin.

Que je suis ravie que vous me parliez ainsi !

Mad. grapin.

Que vous m'enchantez avec de telles dispositions !

Mad. sirotin.

Quelle douceur, quand dans une famille les personnes qui nous touchent de plus près, concourent de leurs suffrages à notre bonheur !

Mad. grapin.

Ah ! que je sens bien cela, ma sœur !…(*en lui sautant au col*) & que votre bon cœur me charme !

---

[26] In this scene more than any other we witness the symmetry and closeness between the two sisters, even as they misunderstand one another. This closeness is solidified by the simultaneous speech with which the act closes.

Ensemble en s'embrassant

[Mad. GRAPIN].	Mad. SIROTIN.
Je suis, on ne peut pas plus, sensible à ce que vous venez de me dire. Soyez sûre que toutes les fois que je pourrai contribuer à votre bonheur, je m'y porterai toute entiere, & je voudrois déja vous voir aussi heureuse que je le suis…J'en suis persuadée.	Je suis mille fois plus contente depuis que je sçais ce que vous pensez sur ce mariage-là. Je connoissois assez votre bon goût pour croire que vous n'en pouviez pas juger autrement. Comptez en revanche sur mes prévenances dans tous vos desirs… J'en suis persuadée.

Fin du premier Acte.

ACTE SECOND.

SCENE PREMIERE.

M. DE LA CALE *seul, regardant par où il vient d'entrer.*

PUISQUE vous le voulez absolument, arrangez-vous : mariez-vous, ne vous mariez pas : faites autant de folies qu'il vous plaira ; je ne me mêle plus de vos affaires, & je ne vous vois de ma vie. Mais quelle extravagance ! après dix ans du plus doux veuvage, vouloir se remarier ! Riche & sans enfans, comme elle est, c'est me jouer un vilain tour.

SCENE II.

Mad. GRAPIN, M. DE LA CALE.

Mad. GRAPIN.

QU'EST-CE donc ? qu'avez-vous, mon frere ? vous avez l'air bien échauffé.

M. DE LA CALE.

J'en ai bien sujet.

Mad. GRAPIN.

Mais encore, quel est-il ?

M. DE LA CALE.

Votre sœur qui, à quarante-cinq ans, s'avise de vouloir se remarier.

Mad. GRAPIN.

Se remarier ! à son âge !

M. DE LA CALE.

Oui, à son âge. Elle n'est pas contente du mauvais tems qu'elle a fait passer au pauvre M. Sirotin : elle voudroit encore en faire enrager un autre beaucoup plus jeune qu'elle.

Mad. GRAPIN.

Beaucoup plus jeune qu'elle ! mais y pense-t-elle donc ?

M. DE LA CALE.

Elle n'y pense que trop ; & cela me paroît bien décidé.

Mad. GRAPIN.

Qui est-ce qui l'auroit jamais dit ? & avec qui en veut-elle faire la folie ?

M. DE LA CALE.

Avec ce Chevalier de Fatincourt, sur qui j'avois quelque autre vue beaucoup plus raisonnable.

Mad. GRAPIN.

Avec le Chevalier de Fatincourt ?

M. DE LA CALE.

Oui, avec lui.

Mad. GRAPIN.

Bon, vous vous moquez, mon frere : vous avez mal entendu.

M. DE LA CALE.

J'ai fort bien entendu. Parbleu ! c'est bien singulier.

Mad. GRAPIN.

Le Chevalier se marier avec ma sœur !

M. DE LA CALE.

Quand je vous le dis.

Mad. GRAPIN.

Eh non, mon frere, si vous sçaviez ce qui en est au juste, vous verriez bien…

M. DE LA CALE.

Je ne veux rien sçavoir, ni rien voir davantage ; car vous m'impatientez, & je m'en vais. Je me sens d'une humeur…

Mad. GRAPIN.

Non, attendez : & puisque l'occasion s'en présente si naturellement, je vais vous instruire des choses telles qu'elles sont.

M. DE LA CALE.

Eh bien, voyons donc ces choses telles qu'elles sont. En vérité il faut avoir bien de la patience.

Mad. GRAPIN.

Je vous dirai d'abord que le Chevalier n'est nullement amoureux de Madame Sirotin.

M. DE LA CALE.

Vraiment, je le sçais bien ; & il ne s'agit pas de cela. Je vous dis seulement qu'il l'épouse.

Mad. GRAPIN.

Pas plus. Ma sœur est instruite de tout, ainsi que moi, & elle a dû vous dire que les assiduités du Chevalier & les soins qu'il prend, ne sont que pour moi.

M. DE LA CALE.

Pour vous ! en voilà bien d'un autre.

Mad. GRAPIN.

Oui, pour moi. Je me suis trop avancée pour ne pas achever. Sçachez donc que c'est moi que le Chevalier aime ; que c'est à moi que ses visites sont adressées, & que c'est moi qu'il épouse.

M. DE LA CALE.

Quel diable de galimathias me faites-vous là ? Quoi ! vous voulez toutes deux épouser le même homme, & à quarante ans passés, encore ?

Mad. GRAPIN.

Quarante ans ! mon Dieu, que vous avez des termes choquans !

M. DE LA CALE.

Ce sont les quarante ans eux-mêmes qui, je crois, vous choquent le plus.

Mad. GRAPIN.

Enfin si vous sçaviez le point où nous en sommes le Chevalier & moi…

M. DE LA CALE.

Non, je ne suis point du tout curieux de sçavoir ce point-là. Mais je voudrois vous faire entendre raison. Vous mettez-vous dans la tête que, si le Chevalier pense sérieusement à l'une de vous deux, je suppose que ce soit à vous, ce sera pour vos beaux yeux ?

Mad. GRAPIN.

Mais nous sçavons ce qu'on pense de nous.

M. DE LA CALE.

Ne voyez-vous pas qu'il ne vous tiendra pas plutôt, qu'il s'emparera du meilleur de votre bien, & ira jouir ailleurs de vos revenus. Si vous étiez plus jeune d'une vingtaine d'années, alors…on verroit…à la bonne heure.

Mad. GRAPIN.

En vérité, vous êtes bien dûr.

M. DE LA CALE.

Mais en vérité aussi, vous êtes bien aveugle & bien ridicule. Il est homme à vendre ou à engager vos maisons, à manger vos Negres, vos canots passagers ; il ne vous laissera pas un aviron.

SCENE III.

Le Chev. de FATINCOURT, Mad. GRAPIN, M. DE LA CALE.

Mad. GRAPIN.

Vous voilà fort à propos, Chevalier, approchez ; venez me justifier auprès de mon frere ; venez vous justifier vous-même. On veut vous faire passer pour un imposteur, pour un volage, pour un dissipateur, pour un homme qui se feroit un jeu de tromper une honnête femme. → *playing with women*

LE CHEVALIER.

Mon Dieu ! quel sentiment on me prête-là !

Mad. GRAPIN.

Mon frere, depuis un quart d'heure, veut me persuader que vous êtes sur le point de conclure avec Madame Sirotin ma sœur. Ah parlez, Chevalier, soyez assez franc pour me l'avouer plutôt que plûtard : je serai assez généreuse, moi, pour vous le pardonner, si vous y trouvez votre bonheur.

LE CHEVALIER.

Je ne sçais en honneur pas ce que vous me voulez dire. *compared to Ripfel who is meant to be honest → chivalric code*

Mad. GRAPIN.

Vous voyez bien, mon frere : ne connois-je pas bien les intentions de Monsieur ?

M. DE LA CALE.

Quoi, Monsieur, il n'est pas vrai que vous ayez pris des arrangemens avec Madame Sirotin ? Il n'est pas vrai que vous l'aimiez, ou du moins que vous le feigniez ? Il n'est pas vrai qu'elle soit venue me parler de se marier avec vous ?

LE CHEVALIER.

Tout cela est une énigme pour moi. Mais je ne croyois pas être si bien dans les bonnes graces de Madame Sirotin.

M. DE LA CALE.

Il faut donc qu'elle soit une grande folle ; & j'ai bien peur qu'elle ne soit pas la seule de ma famille ; car voilà ma sœur qui vient aussi me dire des choses que j'ai peine à croire.

LE CHEVALIER (*à part*).

Où tout cela va-t-il aboutir ?

Mad. GRAPIN.

Allons, Chevalier, j'ai tout dit à mon frere ; ne craignez pas de lui donner les explications nécessaires.

LE CHEVALIER.

Quelles explications puis-je lui donner ? j'en ai besoin moi-même.

saying the same story

M. DE LA CALE.

Tenez, Monsieur, voici le fait. Mes deux sœurs viennent de me tenir l'une & l'autre le même langage sur votre compte ; que vous avez sur elles des vues sérieuses, & que vous êtes sur le point de conclure un mariage avec chacune. L'une d'elles peut avoir raison ; mais toutes deux, c'est impossible.

LE CHEVALIER.

Madame Sirotin me surprend beaucoup, & je ne m'attendois pas au bonheur dont elle veut m'honorer. Je ne crois pas y avoir donné lieu. Des égards généreux que l'on doit au sexe ; l'estime que j'ai pour elle ; la considération où je la tiens de vous toucher de si près ; des propos de pure galanterie ; voilà peut-être ce qu'elle aura pris pour de l'amour & pour des prétentions sur sa personne.

Mad. GRAPIN.

Eh bien, avois-je tort ? Allons, Chevalier, continuez de l'instruire de tout. Pour moi je me retire ; en vous entendant parler de moi, comme vous le devez faire, je craindrois d'avoir trop à rougir.

SCENE IV.

Le Chev. de FATINCOURT, M. DE LA CALE.

M. DE LA CALE (*à part*).

Ces deux femmes-là on projetté de me ruiner. Si bien donc, Monsieur, que c'est Madame Sirotin qui extravague, & que dans tout ceci c'est Madame Grapin qui a raison.

LE CHEVALIER.

(*à part*) Il n'y a plus moyen de reculer. Au reste l'affaire peut être bonne. (*haut*) Je vous avouerai que je fais de Madame Grapin une grande différence. Son mérite, ses vertus…

M. DE LA CALE.

Oui, son mérite, ses vertus, & ses charmes aussi peut-être, vous ont inspiré de l'amour, n'est-ce pas ?

LE CHEVALIER.

Ce sera tout ce que vous voudrez ; mais j'ai conçu pour elle une amitié bien tendre, sans cependant avoir prétendu jusqu'à sa main. Je craignois que l'idée de mariage ne l'effarouchât ; mais puisqu'elle n'y répugne pas, & qu'elle veut bien jetter sur moi les yeux, peut-être seroit-il malhonnête de ne pas accepter ses offres.

M. DE LA CALE.

(*à part*) Cela me paroît sérieux. (*haut*) Mais y pensez-vous ? Quoi, vous iriez vous ensevelir auprès de Madame Grapin ?

LE CHEVALIER.

Pourquoi pas ? n'a-t-elle pas tout ce qu'il faut pour plaire ? & puis…vous le dirai-je ?…la jeunesse se passe ; je vois que tôt ou tard il faut se fixer, & je ne sçaurois mieux choisir. Je sens bien qu'elle n'est plus à la fleur de l'âge, malgré cela…

↳ she isn't as young as she used to be

M. DE LA CALE.

Et parbleu, c'est pour cela que je dis. Si c'étoit une femme ou une fille de…

LE CHEVALIER.

Vraiment il ne tiendroit qu'à moi d'en avoir de plus jeunes. La petite Cécile d'ici près, par exemple,…je n'aurois qu'à parler, ce seroit une affaire faite. Mais vous connoissez le monde ; il faut respecter ses préjugés. Vous avez entendu parler des assiduités & des familiarités mêmes, à ce qu'on dit, de plusieurs Officiers de la garnison auprès d'elle & de sa sœur. Ils saisissoient sur-tout le tems de la maladie de leur mere, & cela fait jaser. Ce n'est pas que je pense rien à leur désavantage…mais…J'en suis fâché pour elles. Je suis là dessus d'une délicatesse…*Centpourcent* me donneroit sa fille, si je la voulois. Elle est jolie, & lui assez riche ; mais le commerce l'a moins enrichi que ses usures, & cela ne me convient pas. Il n'y a pas plus d'un mois qu'on me parla aussi de la fille de *Latarre*, & ce fut la réputation du pere qui m'a empêché de jetter les yeux sur elle. Le bien qu'il a, vous le sçavez comme moi, c'est celui de quantité d'habitans dont il profite de la négligence, & qu'il ruine ; je ne veux pas partager leurs dépouilles. Je vous en citerois une demi-douzaine comme cela, qui me furent proposées, je vous le dis sous le secret, & dont différentes raisons m'ont détourné de même. Il y a bien des gens qui n'auront pas tant de scrupule ; mais c'est plus fort que moi.

M. DE LA CALE.

C'est fort bien pensé. Mais dites-moi : si vous aviez à choisir entre Madame Grapin & une jeune fille, aimable, & jolie passablement, riche au moins autant que ma sœur, & qui n'auroit pas contr'elle les sujets de refus qui vous ont détourné de celles dont vous me parlez ; pour qui vous décideriez-vous ?

↳ question rhetorical

LE CHEVALIER.

(*à part*) Où en veut-il venir ? (*haut*) Eh mais, vous m'embarrassez. C'est selon : si cette jeune personne, aimable & jolie, comme vous le dites, m'inspiroit des sentimens plus vifs que ceux que j'ai pour Madame Grapin ; si elle paroissoit s'attacher à moi comme je le pourrois faire à elle, elle mériteroit sans doute la préférence. (*à part*) Je crois le deviner.

M. DE LA CALE.

Dans ce cas-là choisissez de ma sœur ou de ma fille ; car c'est d'elle que je veux vous parler. (*à part*) Je m'offrirois plutôt moi-même, que de souffrir que le bien de mes sœurs sortît de la famille.

LE CHEVALIER.

Voilà assurément qui me flatte beaucoup, & le choix n'est pas difficile à faire ; mais jeune & aimable comme elle est, peut-être un autre a-t-il déja pris les devants.

M. DE LA CALE.

Non, non : ne craignez-rien ; j'en réponds. Elle sort du couvent ; à qui voudriez-vous qu'elle se fût attachée déja ?

LE CHEVALIER.

C'est que vous sentez quel désagrément ce seroit pour moi de faire des démarches & des avances infructueuses. Franchement je ne suis pas accoutumé à ces personnages-là. Ainsi, comme pour un mari il ne faut pas tant de façons, si vous vouliez la prévenir, & la sonder là-dessus, je vous serois fort obligé. Cela m'épargneroit une scene, déplaisante peut-être.

SCENE V.

MÉLITE, le Chevalier de FATINCOURT, M. DE LA CALE.

MÉLITE (*à part*).

MON oncle & le Chevalier sont en conversation bien mystérieuse.

M. DE LA CALE *au Chevalier*.

A la bonheur, je me chargerai volontiers de lui en dire deux mots. Quant aux conditions du mariage, nous n'aurons pas, je crois, de difficultés.

MÉLITE (*à part*).

De mariage ! ah ah ! le Chevalier lui auroit-il parlé de moi ?

M. DE LA CALE.

Son bien est clair & net ; mais je ne m'en tiendrai pas à ce qui lui reviendra de droit : j'y veux encore ajouter quelque chose.

MÉLITE (*à part*).

L'honnête parent ! comme il aime sa famille !

M. DE LA CALE.

Vous sçavez en outre que mes sœurs sont riches, & qu'un jour…

LE CHEVALIER.

Ne me parlez pas de cela, de grace : vous me piquez sensiblement, & je serois fâché que vous me confondissiez avec tant d'autres qui ne sont conduits que par l'intérêt dans les mariages qu'ils contractent.

MÉLITE (*à part*).

Les beaux sentimens ! on distingue en tout un homme de naissance.

M. DE LA CALE.

Ce n'est pas que je ne vous croie l'ame fort désintéressée ; mais c'est que le plaisir & l'honneur d'avoir dans ma famille un homme de votre mérite…

LE CHEVALIER.

Eh ! Monsieur, oubliez-vous donc que je vais devenir, pour ainsi dire, votre fils ?

MÉLITE (*à part*).

Pour ainsi dire son fils ! c'est bien clair.

M. DE LA CALE.

Pour ne pas faire traîner les choses en longueur, je vais tout-à-l'heure l'appeller.

MÉLITE.

Dispensez-vous d'appeller personne, mon oncle : me voici, & j'ai tout entendu.

M. DE LA CALE.

Si vous avez tout entendu, ce n'étoit pas mon intention ; mais cela n'empêche pas de faire descendre Rosalie, & de lui annoncer mes volontés.

MÉLITE.

Il seroit à propos, je crois, de garder le mystere jusqu'à ce que tout fût arrangé.

LE CHEVALIER.[27]

Voilà encore du *quiproquo*. Ah les maudites femmes pour venir toujours à contretems !

M. DE LA CALE.

Nous garderons le mystere tant qu'il le faudra ; mais il est bien naturel de la prévenir.

MÉLITE.

Je me charge moi de lui en faire confidence ; & je me flatte qu'elle s'intéresse assez à mon bonheur…

M. DE LA CALE.

Je ne vois là ni malheur, ni bonheur pour vous.

---

[27] Although the stage direction is missing, this is clearly an aside.

MÉLITE.

Ni bonheur, ni malheur pour moi ! quoi pensez-vous ?...

LE CHEVALIER.

Sans doute : c'est que Monsieur veut dire...que...étant déja...dans un état si heureux...&...

M. DE LA CALE.

Eh oui : à moins que vous ne vous intéressiez, comme je le crois, assez vivement à...

LE CHEVALIER.

Vous connoissez à Madame une si bonne ame elle porte sa famille dans son cœur. Enfin tout est dit là-dessus.

MÉLITE *à la Cale.*

Détrompez-vous : ce n'est pas ici un de ces mariages...

LE CHEVALIER.

(*à Mélite*) Cela suffit ; Monsieur sçait à quoi s'en tenir. (*à la Cale*) Votre derniere cargaison est bien assortie, & votre Capitaine...

M. DE LA CALE *brusquement.*

Ce n'est pas un de ces mariages, ce n'est pas un de ces mariages...Je sçais bien ce que j'ai fait en le proposant.

LE CHEVALIER *à la Cale.*

C'est tout simple. On dit que vous y avez de grand vin...

MÉLITE.

Non, ce n'est pas un de ces mariages de pure convenance, & l'amour...

LE CHEVALIER *en voulant s'en aller.*

Oh quel entêtement !

MÉLITE *l'arrêtant.*

Où donc allez-vous, Chevalier ? Votre présence ici est nécessaire. (*à la Cale*) L'amour avoit formé de si beaux nœuds, avant que vous ayez consenti à ce qu'ils fussent encore resserrés.

M. DE LA CALE.

Tout ce langage-là ne sert de rien.

MÉLITE.

Vous ne désavouez point ce que je dis ?

LE CHEVALIER.

Non, Madame,...je n'ai garde. Mais pour en revenir...

MÉLITE.

Eh bien parlez donc. Rien à présent ne peut vous contraindre. Oui, il faut que ce soit vous pour me résoudre à renoncer à une liberté si douce que je goûte depuis deux ans.

LE CHEVALIER *embarrassé.*

Madame, en vérité…je suis…tout pénétré…

MÉLITE.

Je ne me croyais pas capable de prendre encore un engagement sérieux ; je ne croyois pas tant de courage à mon ame. Puisque c'est vous qui êtes cause que je change de résolution ; non, je ne dois pas m'en sçavoir mauvais gré.

M. DE LA CALE.

Miséricorde ! la tête a tourné à toute ma famille.

LE CHEVALIER.

Je suis trop heureux, Madame ; mais je ne pensois pas que vous dussiez prendre à la lettre…

MÉLITE.

Ni moi non plus, je ne le pensois pas ; mais puisque je me suis si avancée, mon parti est pris. Il n'est plus tems de m'en dédire.   (*Elle sort*)

LE CHEVALIER.

Si fait, Madame, si fait ; il en est encore tems, & si vous voulez…La voilà bien loin.

SCENE VI.

M. DE LA CALE, le Chev. de FATINCOURT.

M. DE LA CALE.

JE voudrois bien sçavoir ce que tout cela veut dire.

LE CHEVALIER.

Ne m'accusez point, Monsieur, dans tout cela. Vous voyez qu'il y a un mal entendu, auquel je ne conçois rien.

M. DE LA CALE.

C'est assurément une maladie épidémique. Au reste je veux bien ne pas m'arrêter à ces extravagantes-là ; & pour ne pas perdre de vue mon premier objet… J'entends venir du monde ; je parierois que c'est encore une de mes parentes qui veut vous épouser. Bon, c'est ma fille : elle vient à propos.

LE CHEVALIER.

Je vous laisse avec elle, afin que vous ayez plus de liberté à lui parler ; & je me soumets d'avance à tout ce que vous ferez.

SCENE VII.

M. DE LA CALE, ROSALIE.

M. DE LA CALE.

APPROCHEZ, ma fille ; j'allois vous faire appeller.

ROSALIE.

Je viens vous apporter une lettre qu'on m'a remise pour vous.

M. DE LA CALE *prenant la lettre.*

C'est bon. J'ai des choses importantes à vous dire.

ROSALIE.

Elle est de M. le Général.

M. DE LA CALE.

Je verrai bien. Il est tems, ma fille, que vous songiez…

ROSALIE.

On viendra tantôt chercher la réponse.

M. DE LA CALE.

Elle sera faite. Mais auparavant écoutez-moi. Vous devenez grande, Rosalie ; & tout-à-l'heure vous allez avoir dix-sept ans. On ne peut pas toujours rester fille ; il faut prendre un parti ; & pour une fille le plutôt vaut le mieux.

ROSALIE.

Bon, mon pere, nous avons du tems à songer à cela ; rien ne presse.

M. DE LA CALE.

Oh sans doute, vous tenez presque toutes ce langage-là ; mais nous autres peres nous sçavons ce qu'il en faut croire. Il se présente aujourd'hui le plus avantageux parti qui se puisse trouver. Un homme aimable, fort recherché dans la société, pas autrement riche, si vous voulez ; mais ce ne sont pas les plus riches qui sont les plus heureux en ménage.

⮡ Pishng qualities of Knight

ROSALIE.

Je le sçais bien. Aussi ce ne sera jamais le bien qui me réglera.

M. DE LA CALE.

C'est un homme d'une ancienne noblesse…

ROSALIE (*à part*).

Ah ! je vois bien que ce n'est pas Fonval.

M. DE LA CALE.

Homme plein d'agrémens & de mérite, brave comme un César, sçachant bien son monde, un Européen,[28] enfin M. de Fatincourt.

ROSALIE.

Quoi ! c'est celui-là ? Non : j'en serois bien fachée. C'est le plus méchant, le plus indigne…

M. DE LA CALE.

Plaît-il ? plaît-il ? c'est comme cela que vous me répondez, petite mutine ?

ROSALIE.

Il n'a d'autres talens que de déchirer les personnes qui lui ont rendu le plus de services. Sa langue n'épargne personne, pas même vous, ni votre famille : je le tiens de bonne part. S'il a de la bravoure, c'est le premier mérite de son état. Une espece d'aventurier, dont les sentimens font honte au Corps où il est entré ; qui est venu ici, on ne sçait ni comment, ni pourquoi, & qui ne sçauroit inspirer à une honnête femme que le plus grand mépris.[29]

M. DE LA CALE.

Je voudrois bien sçavoir qui vous a fourré tout cela dans la tête. Ce ne sont pas vos tantes, j'en suis sûr, non plus que votre cousine. Je suis bien malheureux ! Les autres veulent à toutes forces, & malgré moi l'avoir, & celle-ci, à qui je voudrois le donner, s'obstine à n'en vouloir pas.

ROSALIE.

Ah ! ne déchirez pas mon cœur en voulant le gêner. Je sens que j'ai une répugnance extrême à m'unir à un homme que je n'aime point. Que ne me laissez-vous choisir quelqu'un du même état que vous, dont les inclinations répondroient aux miennes ? avec qui je serois heureuse de vivre, & qui me devroit aussi la douceur de ses jours, qui vous chériroit comme son propre pere, qui vivant, ainsi que moi, dans la même maison que vous, seroit sans cesse…

M. DE LA CALE.

Tarare ! discours d'enfans que tout cela. Vous verrez dans quelques années d'ici que tout ce bel amour-là s'en va, & que ce n'est pas lui qui est le plus essentiel pour faire un bon mariage.

---

[28] It is significant that Fatincourt's status as a European is presented by La Cale as his ultimate quality.

[29] Despite having only recently left her convent, sixteen-year-old Rosalie is the most perceptive member of her family.

ROSALIE.

Laissons donc venir ces années-là, & attendons pour que j'épouse M. de Fatincourt, que le tems m'ait fait changer de sentimens.

M. DE LA CALE.

Non, je n'attends rien. Je vous donne seulement quelques jours pour faire vos réflexions. Voyons un peu ce que me veut cette lettre. (*en l'ouvrant*) Si vous sçaviez l'obligation que j'aurai, ainsi que vous, à ses soins & à son zele ! (*Il prend un fauteuil, & lit*)

ROSALIE (*à part & haut*).

Non, rien ne pourra m'y résoudre. Si je ne suis pas assez heureuse pour épouser celui que j'aimerai, jamais du moins je n'épouserai quelqu'un que je n'estimerai pas. (*bas*) Ah Fonval, c'est à présent que je sens combien je vous aime !

M. DE LA CALE *criant de toute sa force.*

Ma sœur, Mélite, Madame Sirotin, Madame Grapin, ma fille, ma niece, venez vîte, à moi, descendez.

ROSALIE.

Qu'avec-vous donc, mon pere, me voilà.

M. DE LA CALE *criant toujours.*

Antoine, Jean-Baptiste, venez ici : Madame Grapin, Rosalie, tout le monde, Thomas, Ursule, venez tous ici.

ROSALIE.

Mais dites-moi donc ce que vous avez, vous trouvez-vous mal ? Me voilà.

SCENE VIII.

Mad. SIROTIN, Mad. GRAPIN, M. DE LA CALE, MÉLITE, ROSALIE.

MÉLITE *voyant M. de la Cale assis dans un fauteuil.*

VICTOIRE, apportez de l'eau : mon oncle se trouve mal.

Mad. SIROTIN.

Marie-Rose,[30] portez p'tit brin vinaigre, vous tende.[31]

Les Domestiques accourent : l'un apporte un pot à l'eau, l'autre une carafe à vinaigre, l'autre une serviette ; un autre ôte le col à M. de la Cale ; Madame Sirotin lui met le vinaigrier sous le nez.

---

[30] Original footnote: *Ceci est un patois Negre.* In fact, it is a form of Gallicized créole. See the Introduction to the present edition for more details.
[31] In the original, this line of speech is given in italics.

M. DE LA CALE *se levant brusquement.*

Qu'est-ce que c'est que tout cela ? qu'est-ce que tout cela veut dire ? Il faut qu'il y ait un sort jetté aujourd'hui sur ma maison.

Mad. GRAPIN.

Mon Dieu ! mon frere, vous nous avez fait peur. Nous avons cru qu'il vous étoit arrivé quelque accident, tant vous criiez fort.

M. DE LA CALE.

Que tout cela finisse. Vous voyez bien cette lettre ? c'est pour vous la lire que je vous ai appellées : elle est de M. le Général ; écoutez :

J'ai eu l'honneur, Monsieur, de recevoir une lettre du Ministre, qui me marque que le Roi est content de vos services, tant en France qu'ici ; qu'en conséquence il vient de vous nommer Chevalier de S. Louis. Je suis charmé d'apprendre une si bonne nouvelle, & suis impatient de vous la faire parvenir. Recevez-en mon compliment bien sincere.

Depuis long-tems j'attendois cela sans vous en rien dire. Eh bien avois-je tort de vous faire venir ?

Mad. GRAPIN.

Cela me paroît bien surprenant ; mais qui sont donc les services que vous avez rendus au Roi ?

M. DE LA CALE.

Comment, depuis plus de vingt ans ne suis-je pas[32] Gendarme ?

Mad. GRAPIN.

C'est fort heureux pour votre santé, & cela nous a souvent tranquillisées sur votre compte. Mais si vous l'êtes, c'est à-peu-près malgré vous ; & sont-ce là tous vos titres ?

M. DE LA CALE.

N'ai-je pas armé pendant la guerre,[33] soit ici, soit à Bordeaux, quantité de Corsaires qui on fait des merveilles ? Cela est venu aux oreilles du Roi, & il m'en récompense.

---

[32] Original footnote: *Il y a dans la milice de l'isle un Corps de cavalerie qui n'est composé que de Négocians. C'est ce qu'on appelle la compagnie des Gendarmes.*

[33] This is probably a reference to the Seven Years' War (1756–63) during which Martinique was captured by the British in 1762 and returned to France as part of the Treaty of Paris in 1763.

Mad. GRAPIN.

Vous n'aviez, ce me semble, en armant tous ces Corsaires-là, d'autre but que de gagner de l'argent ; & ce que je trouve de plus heureux pour vous là dedans, c'est d'avoir amassé deux cens mille écus à ce beau métier-là.

M. DE LA CALE.

Quelle tête ! vous allez voir tout-à-l'heure que le Roi ne sçavoit ce qu'il faisoit en m'accordant la Croix de S. Louis, comme si cela se donnoit pour des prunes, là…à des gens qui ne le méritent pas.[34] Ce que c'est que les femmes ! (*aux Negres*) Allez-vous-en, vous autres, à ce que vous faisiez, & dites ce que vous venez d'entendre.[35]

(*Les Negres sortent*)

(*à Rosalie*)

Tu vois, ma fille, si je pouvois honnêtement choisir au-dessous de celui que je t'ai proposé. Tu vas te voir par là, fille, femme & mere sans doute de Chevaliers.

ROSALIE.

Les honneurs ne me touchent guère.

M. DE LA CALE.

Si tu sçavois, petite imbécile, qui est-ce qui a eu la complaisance de faire valoir mes services, & de m'en tirer parti ? Si tu sçavois à qui j'ai tant d'obligation !… Holà ! Jean-Baptiste, qu'on m'arrête un canot[36] pour me mener au Fort[37] Royal.

(*Il sort*)

SCENE IX.

Mad. SIROTIN, Mad. GRAPIN, MÉLITE, ROSALIE.

MÉLITE.

Le Chevalier sera, je crois, bien charmé de cette nouvelle-là. L'intérêt vif qu'il prend à mes plaisirs l'y rendra bien sensible.

Mad. GRAPIN.

L'intérêt vif qu'il prend à vos plaisirs, ma niece ! je ne m'attendois pas à celui-là, & vous ménagez bien peu vos expressions.

---

[34] For the informed spectator or reader, there is a double irony in La Cale's words here: first, owing to the mistaken identity of the recipient (the letter is destined for Fatincourt, not La Cale) and second, owing to the unworthiness of the correct recipient. The suggestion, ultimately, is that the king does indeed award the cross to undeserving individuals.

[35] On the role of the domestic slaves in this scene, see the Introduction to the present edition.

[36] The easiest way to travel from Saint-Pierre to Fort-Royal, now Fort-de-France, was by boat.

[37] Original footnote: *C'est la résidence du Gouverneur.*

MÉLITE.

Je vous dois beaucoup, mes tantes, mais permettez-moi d'attendre quelques jours, avant de vous annoncer certaines choses…

Mad. GRAPIN.

Dans peu aussi vous sçaurez certaine résolution que j'ai prise.

Mad. SIROTIN.

Oui, oui ; patience, ma niece, patience. Avec le tems vous sçaurez ce que j'ai envie de faire.

SCENE X.

ROSALIE *seule.*

QUE je suis malheureuse !…Mais après tout pourquoi me chagriner ? on ne sçauroit me marier malgré moi. Moi, épouser le Chevalier de Fatincourt ! Eh à quoi me serviroit d'avoir un cœur honnête & sensible ? Non, j'aimerois autant mourir.

SCENE XI.

FONVAL, ROSALIE.

FONVAL.

M. DE la Cale vient de recevoir une nouvelle qui me fait beaucoup de plaisir. J'y prends part, on ne peut pas davantage, & la joie…

ROSALIE *d'un air ironique.*

Vous paroissez en effet fort joyeux.

FONVAL.

J'ai aussi, d'un autre côté, sujet d'être affligé ; & l'on vient de me charger d'une commission qui ne m'amuse point du tout. Mais vous-même vous êtes plus triste que vous n'imaginez devoir l'être.

ROSALIE.

J'en ai plus sujet que vous ne croyez.

FONVAL.

Oh ! non, si vous sçaviez…

ROSALIE.

Si vous sçaviez aussi ce qu'on vient de me dire !…

FONVAL.

Si je m'acquittois de ma commission !...On veut que je persuade au Chevalier de Fatincourt que personne ne lui convient mieux que vous, & que je l'engage à vous épouser.

ROSALIE.

On m'a dit à-peu-près la même chose.

FONVAL.

Quoi, il vous en a déja parlé ?

ROSALIE.

Oui, & mon parti est pris.

FONVAL.

Comment ?

ROSALIE.

Vous l'ignorez ? je ne l'épouserai pas.

FONVAL.

Je le crois ; mais entêté, comme l'est votre père du Chevalier, vous serez souvent importunée par lui.

ROSALIE.

Je prendrai patience. J'implorerai mes tantes ; je les lui ferai parler ; peut-être enfin se dégoûtera-t-il de cet homme-là. Dissimulons toujours : ce n'est pas le tems de lui rien faire connoître. J'entends venir le Chevalier ; je vous laisse avec lui. Je serois au désespoir qu'il nous vît ensemble. Je me contentois auparavant de le mépriser ; & à présent je sens que je le hais.

SCENE XII.

Le Chev. de FATINCOURT, FONVAL.

LE CHEVALIER

J'ai à te dire, mon ami, bien des choses qui nous regardent tous deux. Je me marie.

FONVAL.

Je ne vois là rien qui me regarde.

LE CHEVALIER.

Oh ! un petit moment. C'est que tu t'imagines peut-être que c'est avec mes veuves ? point du tout : c'est avec Rosalie ; oui avec elle. C'est t'annoncer cela un peu brusquement. J'aurois dû faire venir les choses de loin pour t'épargner la surprise ; mais…comment tu ne te trouves pas mal ? tu ne te récries pas seulement ?

FONVAL.

Il faut bien prendre son parti.

LE CHEVALIER.

Tu as raison ; car enfin il faut avoir un peu de conscience, & ne lui pas faire perdre son tems. Tu ne l'aimes pas : tu ne vises pas au grand sérieux avec elle ; ainsi ne l'importune pas d'avantage de tes assiduités : ce seroit l'amuser inutilement ; & tu ne voudrois pas nuire à son établissement.

FONVAL.

J'en serois au désespoir.

LE CHEVALIER.

Si bien donc que tu donnes ta démission ?

FONVAL.

Par écrit, si tu l'exiges, & si tu lui conviens.

LE CHEVALIER.

Si je lui conviens ? belle demande ! C'est comme une affaire faite, & c'est le bon homme lui-même qui me l'a offerte à moi parlant. Mais ton procédé loyal me touche ; je veux te faire voir que je n'ai pas le cœur moins bien placé que toi ; je te donne permission, moi marié, de venir faire ta cour à ma femme.

FONVAL.

Oh ! point certainement. Si jamais…

LE CHEVALIER.

Non, sans façon, je t'y invite. Je serois bien fâché que tu me crusses jaloux. Tu entreras, tu sortiras de chez moi en tout tems, & comme il te plaira. Je t'en donne le privilege ; je te dois ces égards-là.

FONVAL.

Sois certain que j'aurois trop de respect…

LE CHEVALIER.

Bon du respect ! Ce ton-là me feroit douter de ce que tu voudrois dire.

FONVAL.

Mais si fait, les bienséances…

LE CHEVALIER.

A la bonne heure : les bienséances sont quelque chose ; mais voilà tout. Du reste je te donne le champ libre. J'aurai la main & la bourse, & je suis content.

↳ he will be happy through, money + the money he will receive.

FONVAL (*à part*).

Quels sentimens !

LE CHEVALIER.

Tu croyois peut-être, parce que je sçavois que tu tâchois de te mettre en pied auprès d'elle, que je te verrois d'un mauvais œil quand elle seroit ma femme ? Quelle folie ! C'est précisément à cause de cela, & pour t'ôter toute l'idée désavantageuse sur mon compte, que je t'engage à faire comme si de rien n'étoit ; je l'exige même.

FONVAL.

Je vois quelqu'un qui a l'air de t'en vouloir. C'est pour affaire peut-être ; je vous laisse ensemble.

SCENE XIII.

Le Chev. de FATINCOURT, un Domestique blanc.

LE DOMESTIQUE.

J'AI couru, Monsieur, tout le mouillage[38] pour vous joindre. J'ai été dans toutes les maisons où l'on m'a dit qu'on donnoit à dîner aujourd'hui, & où l'on tient meilleure table ; je ne vous ai trouvé dans aucune ; j'en ai été surpris. J'ai été chez plusieurs femmes qui cherchent à se former le ton aux dépens de leur réputation, & l'on m'a adressé ici à tout hazard. J'y suis déja venu une fois ; j'aurois pu en même tems faire la commission qui vous regarde.

LE CHEVALIER.

Je suis fâché de tant de peine. Qu'y a-t-il ?

LE DOMESTIQUE.

C'est une lettre de M. le Marquis.

LE CHEVALIER.

Bon : donnez.

LE DOMESTIQUE *remettant la lettre*.

Ce sont, je crois, de bonnes nouvelles qu'il y a dedans.

LE CHEVALIER.

Je me doute de ce que ce peut être.

LE DOMESTIQUE.

Je reviendrai tantôt chercher votre réponse, avant de partir.

---

[38] Original footnote: *Le mouillage est un quartier de Saint-Pierre.*

SCENE XIV.

LE CHEVALIER *seul.*

Voyons un peu. C'est apparemment le succès de ma sollicitation à la Cour qu'il m'annonce. (*Il lit*) Oh, oh ! assurément cette lettre n'est pas pour moi. L'adresse pourtant me regarde ; mais c'est tout : je n'y entends rien.

(Il lit haut)

Je suis fort mécontent, Monsieur, du dernier vin que vous m'avez envoyé. Vous me le faites payer cher à l'excès, je n'ai rien à dire là-dessus ; mais il ne vaut pas le diable, & c'est ce qui me pique. Envoyez m'en d'autre par Ducoulis, mon Maître d'hôtel, qui le goûtera. Donnez-lui aussi les autres provisions qu'il vous dira, & que vous payerez. Ayez, je vous prie, dorénavant la bonté de me mieux servir.

Depuis quand suis-je devenu commissionnaire ? On s'est trompé d'adresse à coup sûr. Où puis-je maintenant trouver ce M. Ducoulis, qui m'apporte de si bonnes nouvelles ? Faisons-le chercher par-tout pour lui rendre sa lettre. Qu'il aille goûter son vin tout seul, & chercher qui le paye à ma place. J'ai bien de la peine à payer le mien.

Fin du second Acte.

ACTE III.

SCENE PREMIERE.

MÉLITE, le Chev. de FATINCOURT.

MÉLITE.

Je vous vois à propos, Chevalier, & je veux rire avec vous de bon cœur. Le public, qui n'attend jamais qu'on l'instruise tout-à-fait, & qui veut toujours deviner, sçachant en gros que vous allez vous marier, ne se donne pas le tems qu'on lui dise avec qui. Les uns vous donnent Madame Grapin, les autres Madame Sirotin ; quelques-uns aussi me font la grace de me nommer. Mais voyez un peu où ils vont chercher tous ces contes-là ! Il faut avoir bien envie de babiller.

LE CHEVALIER.

(*à part*) Ma foi, puisque m'y voilà, j'ai envie de l'expédier. (*haut*) Ils ont bien tort en vérité. J'ai fait sur le mariage de longues réflexions, & pour que je m'y puisse résoudre, il faut un bien net, d'une prompte défaite & d'un transport facile.

MÉLITE.

Vous avez raison ; & c'est ainsi qu'est le mien. Mon oncle a dû vous le dire.

LE CHEVALIER.

Il me faut aussi proportionné au rang que je dois tenir dans ma province, où malheureusement je suis obligé à une certaine figure.

MÉLITE.

Certaine figure ! Oh la douce obligation ! Dépêchons-nous, Chevalier. Vendons : partons : retirons-nous sur nos terres : faisons promptement cette certaine figure.

LE CHEVALIER.

Oh rien ne presse encore, Madame, il y a bien des choses à dire auparavant.

MÉLITE.

Et qu'y a-t-il donc tant à dire ?

LE CHEVALIER.

Bon, Madame, est-ce que vous voudriez donner aussi dans ce ridicule-là ?

MÉLITE.

Quel ridicule ?

LE CHEVALIER.

Je croyais que le voyage de France vous avoit plus profité.

MÉLITE.

Que voulez-vous dire ?

LE CHEVALIER.

Est-ce que la maladie du pays[39] vous a aussi gagnée ?

MÉLITE.

Quelle maladie ? expliquez-vous donc.

LE CHEVALIER.

Est-ce que sérieusement vous consenteriez à vous marier ?

MÉLITE.

A quoi ne consentiroit-on pas avec ce qu'on aime ?

LE CHEVALIER.

C'est bien flatteur ; mais en vérité…vous m'embarrassez.

MÉLITE.

En quoi ?

LE CHEVALIER.

Mon Dieu ! que n'avez-vous parlé plutôt !…Je suis au désespoir…Mais aussi qui pouvoit deviner que vous étiez de cette humeur-là ?

MÉLITE.

Vous me faites frémir. Achevez.

LE CHEVALIER.

Vous sçavez combien je suis franc & sincere…& je me trouve engagé dans une explication qui me chagrine cruellement…Mais aussi c'est votre faute.

MÉLITE.

Ma faute ! eh comment ? Je souffre le martyre.

LE CHEVALIER.

Eh bien, Madame, je suis aujourd'hui forcé à faire un mariage qui me désole.

MÉLITE.

Vous êtes forcé ! Il y a donc des accidens bien irrémédiables ?

---

[39] In II.6, M. de la Cale refers to the fact that all three widows in his family are planning to remarry as 'une maladie épidémique'. Here the chevalier picks up on the image of sickness and suggests that it is a local disease.

LE CHEVALIER.

Non : il n'y a pas autrement d'accidens ; mais la personne qui m'y engage, est un homme que je considere au dernier point. Je lui ai des obligations qui m'empêchent de lui rien refuser.

MÉLITE.

Dieu ! quel est donc cet homme ?

LE CHEVALIER.

Monsieur de la Cale.

MÉLITE.

C'est mon oncle ! Quoi, n'étoit-ce pas de moi que vous vous entreteniez, quand vous parliez de mariage ?

LE CHEVALIER.

Point du tout : c'étoit de sa fille.

MÉLITE.

De Rosalie ! vous vous moquez.

LE CHEVALIER.

Non : c'est très-sérieux. Mais aussi que ne parliez-vous ?

MÉLITE.

Ah, Chevalier, sont-ce là les promesses que vous m'avez faites ?

LE CHEVALIER.

Oh des promesses, Madame ! c'est un peu fort. Je vous ai juré, il est vrai, que je vous aimois : je suis prêt à vous le jurer encore ; peut-être même vous aimerai-je toujours : (*avec un attendrissement feint*) & c'est ce qui fera mon malheur.

MÉLITE.

Oh Ciel ! comme j'ai été trompée !

LE CHEVALIER.

Non pas par moi. Mais au reste je ne vois pas là de quoi tant vous affliger. Les choses resteront dans le même état : nous nous aimerons ni plus ni moins : j'épouserai cependant Rosalie, puisque je ne sçaurois reculer ; mais mon cœur sera toujours…(*Il veut lui prendre la main*)

MÉLITE.

Non, traître, retirez-vous. Je vous oublie pour jamais ; & s'il m'arrive encore d'avoir quelque souvenir de vous, ce sera le mépris qui me le tracera.

LE CHEVALIER.

Quoi ! c'est sur ce ton-là que vous prenez…

MÉLITE.

Je vois à qui j'ai eu affaire, & vous m'ouvrez les yeux. J'ai été votre dupe, j'en conviens, parce que je n'appercevois en vous que des ridicules que j'excusois, ou plutôt que j'applaudissois ; mais je ne voyais pas dans votre cœur toutes les noirceurs & toutes les bassesses d'un monstre.

LE CHEVALIER.

Je ne vous conçois pas. Comment vous vous…

MÉLITE.

Je me flatte que je ne serai pas la seule qui vous chargerai de mon indignation. Les honnêtes gens, je le vois à présent, vous évitent déja ; & je ne doute pas que vous ne soyez un jour méprisé par ceux même qui méritent aussi de l'être.

(*Elle sort*)

LE CHEVALIER.

Mais, Madame, pour une femme d'esprit, comment se peut-il ?…

SCENE II.

Le Chevalier de FATINCOURT *seul*.

ET d'une de congédiée : m'en voilà bien maudit. Les deux autres, je crois, ne me ménageront pas davantage. Ce sont de mauvais momens à passer, & je voudrois en être déja quitte, ou que quelqu'un se chargeât de les avertir de prendre leur parti. Ma foi je joue de malheur : les voilà toutes deux à la fois.

SCENE III.

Mad. SIROTIN, Mad. GRAPIN, le Chevalier de FATINCOURT.

Mad. SIROTIN *à Mad. Grapin*.

BON, le voilà justement !

Mad. GRAPIN.

Eh bien, ma sœur, vous allez être satisfaite. L'affaire va être décidée. Nous avons à rougir, Monsieur, de la démarche que nous faisons auprès de vous, & d'avoir à vous demander des explications sur des choses qui n'en ont pas besoin.

LE CHEVALIER *voulant s'en aller*.

Je suis malheureux, Mesdames, que vous preniez ce moment-ci. Il faut absolument…

Mad. GRAPIN *l'arrêtant*.

Non, différez un instant.

LE CHEVALIER.

C'est une affaire de conséquence, qui…

Mad. GRAPIN.

Vous l'irez faire après.

Mad. SIROTIN.

Sans doute, il faut parler auparavant.

Mad. GRAPIN.

Vous sçavez bien ce que vous m'avez dit tantôt ?

LE CHEVALIER *voulant encore s'en aller.*

Je ne m'en souviens d'honneur pas ; mais je me le rappellerai peut-être demain
matin.

Mad. GRAPIN.

Non, vous allez vous en ressouvenir tout-à-l'heure. Quoi ! vous ne songez plus
à ce que vous m'avez dit en présence de mon frere ?

LE CHEVALIER.

Vous ne m'avez seulement pas donné le tems de prononcer un mot.

Mad. SIROTIN.

Quand je vous le dis, ma sœur, je suis sûre de mon fait.

Mad. GRAPIN.

Patience, patience. Ne m'avez-vous pas dit, Monsieur, que Madame Sirotin avoit
tort de s'imaginer que vous songiez à l'épouser ?

LE CHEVALIER.

Mais…

Mad. GRAPIN.

Parlez, parlez, courage.

Mad. SIROTIN.

Voyons donc un peu cela, Monsieur le Chevalier.

LE CHEVALIER.

Oui, je me souviens à présent d'avoir dit que j'étois fort surpris que Madame ait
voulu jetter les yeux sur moi, & que je n'osois prétendre au bonheur…

Mad. GRAPIN.

Vous dites les choses en biaisant ; mais n'importe : vous voyez, ma sœur, si j'ai
tort.

Mad. SIROTIN.

Je tombe de mon haut. Vous ne vous souvenez donc plus, Monsieur, de ce jour où vous m'avez dit que vous n'étiez pas fait pour ma sœur ?

Mad. GRAPIN.

Vous avez dit cela, Monsieur ?

LE CHEVALIER.

Madame répete les choses un peu crûment ; mais…

Mad. GRAPIN *haussant la voix.*

Vous avez dit cela ?

LE CHEVALIER.

Hélas ! à-peu-près.

Mad. SIROTIN.

Vous l'entendez.

Mad. GRAPIN *en colere.*

Vous avez dit cela ?

LE CHEVALIER.

Eh Madame, vous ai-je jamais dit le contraire ?

Mad. GRAPIN.

Vous avez encore le front…

LE CHEVALIER.

Un petit moment : point de scandale. Expliquons-nous paisiblement.

Mad. SIROTIN.

Vous ne disconvenez donc pas que vous avez dit de moi la même chose ?

LE CHEVALIER.

Mais, avec votre permission, Mesdames, ne peut-on vous voir assidument sans vous promettre foi & mariage ?

Mad. SIROTIN.

Comment, en me proposant des arrangemens au sujet de mon habitation, ne m'avez-vous pas fait comprendre que nous allions finir ensemble ?

LE CHEVALIER.

Bon, finir ensemble ! vous comprenez bien mal.

Mad. GRAPIN.

Ne m'avez-vous pas donné des conseils sur la disposition de mes maisons, de mes Negres, sur l'emploi de mon argent ?

LE CHEVALIER.

Sans doute, & c'étoit pour votre bien.

Mad. GRAPIN.

Eh bien, Monsieur, que pouvois-je conclure de tout cela ? qu'est-ce que tout cela signifioit ?

LE CHEVALIER.

Rien autre chose sinon que je m'intéressois beaucoup à vos affaires.

Mad. GRAPIN.

C'est donc à dire que vous nous avez jouées toutes deux ?

LE CHEVALIER.

Vous appellez cela vous jouer ? Ce que c'est que d'avoir affaire à des ingrats !

Mad. GRAPIN.

Comment est-il possible de m'avoir flattée si longtems, pour ensuite en agir ainsi ?

Mad. SIROTIN.

Qui l'auroit cru capable de cela ? (à part) Mais je ne suis pas la seule, & cela me console.

LE CHEVALIER.

Si vous sçaviez dans quelle circonstance je me trouve engagé, vous cesseriez de tant crier après moi, sur-tout si les desirs de Monsieur votre frere vous touchent un peu. Pour moi, je suis si dévoué à ses volontés, que je n'ai pu m'empêcher d'accepter ses offres. En conséquence j'épouse sa fille, qu'il m'a fait l'honneur de me proposer. Voyez si je puis faire autrement ; & d'ailleurs je ne sors pas de la famille, tant j'y suis attaché. Nous sommes lui & moi d'accord de tout ; je n'ai plus que votre consentement à obtenir.

Mad. GRAPIN.

Mon consentement ! oh pour celui-là n'y comptez pas : vous n'aurez pas le mien.

Mad. SIROTIN.

Ni le mien non plus.

Mad. GRAPIN.

Moi je consentirois qu'un homme tel que vous épousât ma niece ! un homme qu'on ne connoît ni d'Eve ni d'Adam ; qui peut-être…

LE CHEVALIER.

Oh ! d'abord que vous avez recours aux invectives, je n'en suis plus.
    (Il sort)

SCENE IV.

Mad. GRAPIN, Mad. SIROTIN.

Mad. GRAPIN.

Je renonce à lui & à ses semblables.

Mad. SIROTIN.

Ah ! ma sœur, pour qui nous disputions-nous tant ?

Mad. GRAPIN.

Je vois quel étoit son but en paroissant si empressé pour nos intérêts : c'étoit une espece d'inventaire qu'il faisoit de nos biens : il nous marchandoit. Il croit, en prenant Rosalie, trouver un plus grand avantage ; mais il ne l'a pas encore, & nous verrons.

SCENE V.

Mad. SIROTIN, Mad. GRAPIN, ROSALIE, FONVAL.

ROSALIE.

Nous venons, mes tantes, vous implorer…

Mad. GRAPIN.

Ah ! Mademoiselle, vous voilà ! C'est au sujet de votre mariage sans doute : il est bien tems de nous en parler.

ROSALIE.

Ah ! ma tante, si vous sçaviez…

Mad. SIROTIN.

Non, il n'y a pas de ma tante qui tienne.

FONVAL.

Quoi ! Madame, vous ne trouvez donc pas bon…

Mad. GRAPIN.

Non, Monsieur : puisqu'il faut vous le dire. Elle peut se marier tant qu'elle voudra ; mais nous n'y consentons ni l'une ni l'autre.

FONVAL.

Par quel malheur ai-je pu…

Mad. GRAPIN.

Je sçais, Monsieur, que vous êtes l'ami du Chevalier ; mais cela est inutile.

FONVAL.

Moi, l'ami du Chevalier ! on s'imagine, parce que je suis assez libre avec lui,…

Mad. SIROTIN.

Non, tout cela ne sert de rien.

ROSALIE.

Nous comptions avoir votre appui ; mais puisque vous ne voulez pas nous l'accorder…

Mad. GRAPIN.

Vous ne l'aurez pas, je vous le proteste. Vous aviez déja, je suis sure, jetté un dévolu sur notre bien ; mais vous espérez tous les deux en vain.

Mad. SIROTIN.

Je prendrai aussi si bien mes précautions, que, si ce mariage se fait, vous n'en toucherez pas un sou.

ROSALIE.

Mon Dieu ! qui est-ce qui songe à votre bien ?

FONVAL.

Pouvez-vous nous prêter des vues si basses ?

Mad. GRAPIN.

Je ne parle pas de vous, Monsieur ; nous sçavons que vous n'y prétendez rien.

FONVAL.

Et je suis aussi caution du désintéressement de Mademoiselle.

Mad. GRAPIN.

Le seriez-vous aussi de celui du Chevalier ?

FONVAL.

Eh, Madame, laissons-là ce Chevalier.

Mad. SIROTIN.

C'est ce que nous demandons ; mais ne nous parlez donc plus en sa faveur.

ROSALIE.

Qui est-ce qui en a envie ? Nous en sommes bien éloignés.

Mad. GRAPIN.

N'est-ce pas de votre mariage que vous venez nous parler ?

ROSALIE.

Sans doute ; mais c'est pour…

Mad. GRAPIN.

Vous voyez donc bien. Non, encore une fois. Si cela dépendoit de nous, jamais cela ne se feroit.

FONVAL.

Et tant mieux ; c'est ce que nous voudrions.

Mad. SIROTIN.

Expliquez-vous donc. Voyons cela.

FONVAL.

Monsieur de la Cale veut obliger Mademoiselle à épouser M. de Fatincourt. Elle sent pour lui une aversion insurmontable ; & c'est pour vous prier de l'en détourner que nous venons nous jetter à vos pieds.

Mad. SIROTIN.

Quoi, c'est cela ! Oh fiez-vous à nous là-dessus. C'étoit bien notre intention avant que vous nous en eussiez priées.

FONVAL.

Ce n'est pas la seule grace que nous avons à vous demander, & moi en mon particulier si j'osois…

Mad. GRAPIN.

Je vous entends. Vous voudriez obtenir la place du Chevalier, n'est-ce pas ? Vous la méritez sans doute, j'y ferai mon possible. ·

Mad. SIROTIN.

Oui, de tout mon cœur.

Mad. GRAPIN.

Je vais parler à votre pere, & s'il obstine toujours pour ce maudit homme-là, je sors de sa maison pour n'y rentrer jamais. Le voilà. Retirez-vous un peu. Vous allez voir comme nous vous servirons.

SCENE VI.

M. DE LA CALE, Mad. SIROTIN, Mad. GRAPIN.

M. DE LA CALE.

RIEN n'est tel pour se faire des amis que d'être riche & décoré. L'un me félicite sur mon mérite ; l'autre me loue sur ma bravoure ; enfin depuis que j'ai la croix de S. Louis, il n'y a pas de compliment que je n'aie reçu. A les entendre, je la mérite autant que le premier Maréchal de France…Je ne sçais pas ; mais ma veste me gêne. Il me semble que mon uniforme me siéra bien mieux. Hé, Jean-Baptiste ; mon uniforme. Dans la position où je me trouve, c'est le seul habillement qui me convienne. Apporte aussi ma perruque, mon épée, mon chapeau : que je me prépare à partir.

Il ôte sa veste blanche, se met en habit de Gendarme, & se regarde dans un miroir.

Hé bien, n'ai-je pas bon air comme je suis ? N'ai-je pas bien une mine à Chevalier ?

Mad. GRAPIN.

Oui, on ne peut mieux. Et dites-moi : parmi tous les complimens que vous venez de recevoir, ne vous en a-t-on pas fait aussi sur l'alliance que vous contractez avec le Chevalier de Fatincourt ?

M. DE LA CALE.

Vraiment oui, on m'en a fait, & de beaux encore. Vous sçaviez donc déja cela. Convenez à présent que c'est un assortiment bien plus raisonnable que celui que vous vouliez faire.

Mad. GRAPIN.

Effectivement il est bien fait pour vous.

M. DE LA CALE.

Vous avez donc renoncé à lui. J'en suis bien aise. Avouez que vous étiez bien folles.

Mad. SIROTIN.

Vous avez raison : nous étions bien folles, & bien fous sont ceux qui veulent se coëffer d'un pareil sujet.

M. DE LA CALE.

Ne vous voilà-t-il pas ? Vous ne pouvez pas l'avoir, & vous cherchez à le décrier.

Mad. GRAPIN.

Le décrier ! Oh il prendra bien ce soin-là lui-même.

M. DE LA CALE.

Je sçais bien qu'il ne plait pas à tout le monde ; mais je l'aime, moi, avec tous ses défauts.

Mad. GRAPIN.

Oh ! nous vous l'abandonnons de bon cœur.

M. DE LA CALE.

Il n'y a pas long-tems, ma chere sœur, & je juge à votre ton que vous avez un peu de dépit.

Mad. GRAPIN.

J'ai tout ce qui vous plaira ; mais je vous déclare que si vous ne mariez votre fille à tout autre qu'à cet insolent-là, nous vous frustrons, ma sœur & moi, de nos biens, & tout ira dans des mains étrangeres.

Mad. SIROTIN.

Oui, c'est décidé.

Mad. GRAPIN.

Ne vous flattez pas au reste qu'elle consente jamais à l'épouser. Non, vous n'en viendrez jamais à bout.

M. DE LA CALE.

Je n'en viendrai pas à bout ! je le voudrois bien voir.

Mad. GRAPIN.

Eh bien, vous en aurez la satisfaction. Fonval est un garçon bien né, qui fait déja de très-bonnes affaires ; il aime Rosalie ; c'est tout ce qui lui faut, & non pas des Chevaliers de cette espece-là, qui ne songeroient pas à elle, si vous étiez moins riche, & non pas de ces hommes affamés, qui cherchent par-tout des dupes à qui ils fassent le malheur de la vie, comme font tant d'autres de son caractere…

M. DE LA CALE.

Comment s'est-il pu faire un si grand changement en vous en si peu de tems ? Vous disiez aujourd'hui même précisement tout le contraire.

Mad. SIROTIN.

Si nous avons changé de sentimens, c'est pour de fort bonnes raisons ; & vous-même avez-vous oublié ce que vous m'en avez dit ?

M. DE LA CALE.

Non, je ne l'ai point oublié, & j'ai aussi mes raisons. La reconnoissance d'abord m'y engage ; vous sçaurez cela bientôt ; & puis vous vouliez faire une folie, & ma fille par là n'en fait point.

Mad. GRAPIN.

Et n'en fera pas, je vous jure. Vous en serez pour vos avances ; car, Dieu merci, c'est vous qui la lui avez jettée à la tête.

M. DE LA CALE.

Ah elle aime Fonval ! Je ne m'en étois par apperçu. L'avis est bon ; il faut prendre garde à cela. C'est un fort joli garçon, je le sçais bien ; mais ma parole est donnée.

SCENE VII.

M. DE LA CALE, Mad. SIROTIN, Mad. GRAPIN, le Domestique blanc.

M. DE LA CALE.

Vous voilà, Monsieur Ducoulis ! quand partez-vous ?

LE DOMESTIQUE.

Cela dépend de vous, Monsieur.

M. DE LA CALE.

De moi ! & en quoi ?

LE DOMESTIQUE.

Quand vous m'aurez donné mes provisions.

M. DE LA CALE.

Quelles provisions ?

LE DOMESTIQUE.

Celles que je suis venu chercher, & que vous devez me livrer, ainsi que le vin que j'ai ordre de goûter.

M. DE LA CALE.

Quel vin ?

LE DOMESTIQUE.

Il n'importe, pourvu qu'il soit bon.

M. DE LA CALE.

Quel vin avez-vous ordre de goûter ?

LE DOMESTIQUE.

Le meilleur que vous connoissiez.

M. DE LA CALE.

Je ne vous entends pas.

LE DOMESTIQUE.

Je le vois bien. Ne vous demande-t-on pas dans la lettre que je vous ai remise…

M. DE LA CALE.

On ne m'y demande rien. On m'y marque seulement une bonne nouvelle, dont je n'ai pas oublié le porteur.

LE DOMESTIQUE.

Je suis charmé qu'on vous y annonce de bonnes nouvelles, mais avec tout cela il me faut du vin, du beurre, de l'huile, du…

M. DE LA CALE.

Je suis stupéfait : on ne m'en dit pas le mot.

Mad. GRAPIN.

Je vous disois bien, moi, qu'il y avoit quelque chose sous cette lettre-là.

M. DE LA CALE *brusquement à Mad. Grapin.*

Tout cela ne vous regarde pas.

SCENE VIII.

Le Chev. de FATINCOURT, Mad. GRAPIN, Mad. SIROTIN,
M. DE LA CALE, le Domestique blanc.

LE CHEVALIER *au Domestique.*

Je vous ai fait chercher par-tout, Monsieur Ducoulis, pour vous demander explication sur une lettre que vous m'avez donnée.

[handwritten: got the two letters → mixed up]

LE DOMESTIQUE.

Je crois l'entrevoir cette explication. Ayez la bonté de me donner la lettre, & vous aussi, Monsieur, la vôtre.

Il jette un coup d'œil sur les deux lettres, & les échange en les leur rendant.

Par ce moyen-là vous n'avez plus, je crois, de difficultés.

M. DE LA CALE *refusant de prendre la lettre.*

Non, je ne comprends pas ce troc-là.

LE DOMESTIQUE.

Lisez, & vous comprendrez.

M. DE LA CALE *après avoir lu.*

O Ciel ! quel coup de foudre !

LE CHEVALIER.

Oui, je connois ce stile-là.

LE DOMESTIQUE *à M. de la Cale.*

Quand vous serez revenu de votre surprise, nous verrons tous deux à nous acquitter de nos commissions.

SCENE IX.

Mad. SIROTIN, Mad. GRAPIN, M. DE LA CALE,
le Chev. de FATINCOURT.

M. DE LA CALE.

Voila certainement la méprise la plus cruelle qui se puisse faire !

LE CHEVALIER, *bas à M. de la Cale.*

L'honneur est toujours pour votre famille, puisqu'il est pour moi ; ainsi vous devez être moins affligé.

M. DE LA CALE.

(*haut*) C'est en effet fort consolant. (*bas*) Etoit-ce de lui que j'aurois dû recevoir un tel soufflet ?

Mad. SIROTIN.

Mais après tout, mon frere, il faut vous consoler.

M. DE LA CALE *brusquement.*

Il faut vous consoler !…Je n'ai pas besoin de vos conseils. Holà ! Jean-Baptiste, reprenez-moi cet habit-là, & me l'allez rependre jusqu'à la prochaine revue. Je n'en ai plus besoin…Morbleu ! je suis désespéré.

(En remettant sa veste blanche)

Adieu mon mérite, adieu ma bravoure.

Mad. GRAPIN *à sa sœur.*

Retirons-nous à l'écart un peu, & tâchons d'écouter ce qu'ils vont se dire.

Mad. SIROTIN *bas à la Cale.*

Songez à lui parler comme il faut, sinon nous tiendrons notre parole, je vous en réponds.

Elles se retirent dans l'enfoncement

M. DE LA CALE.

Est-ce là ce que vous me faisiez espérer ?

LE CHEVALIER.

Je vous avouerai que je viens de recevoir des lettres particulieres qui me disent que le Roi est plus que jamais décidé à ne récompenser que les services bien prouvés ; & moi-même, malgré les quinze années des miens, si je n'avois plusieurs blessures qui…

M. DE LA CALE.

Mais mon sucre, Monsieur !

LE CHEVALIER.

Attendez : il faut patienter ; & l'ami chargé de représenter votre mérite & les choses que vous avez faites, ne désespere pas. Ne croyez-pas au surplus que la faveur fasse rien à ces choses-là ; & si je n'étois moi-même persuadé que vous méritez…

M. DE LA CALE.

Mais mon sucre, Monsieur !

LE CHEVALIER.

Ne faites pas éclat de tout ceci, ce seroit trop indécent ; & ne vous imaginez pas que tout le sucre du monde puisse jamais contribuer en rien dans les graces qui sont de pures récompenses. Vous devez aussi sentir qu'il est bien juste de reconnoître les peines & les démarches de ceux qui veulent bien s'employer à les solliciter pour nous.

M. DE LA CALE.

Tout cela est fort bien ; mais mon sucre, Monsieur !

LE CHEVALIER.

Je vous donnerai par la suite tous les éclaircissemens nécessaires.

M. DE LA CALE (*à part*).

Il y a quelque chose là-dessous.

LE CHEVALIER.

En çà, pour revenir à notre affaire de tantôt, avez-vous parlé à Mlle votre fille ? est-elle d'accord ? quand finissons-nous ?

M. DE LA CALE *brusquement*.

Je n'en sçais rien.

LE CHEVALIER.

Il faut pourtant que je sçache, moi…

M. DE LA CALE.

Je n'ai pas le tems de parler de cela à présent.

LE CHEVALIER *avec dédain*.

Vous n'avez pas le tems ! Croyez-vous donc que j'aie celui d'attendre vos longueurs ?

M. DE LA CALE.

Vous êtes trop pressé. Apparemment que vous avez vos raisons pour cela ; & moi j'en ai pour ne pas l'être.

LE CHEVALIER *se radoucissant*.

Mais c'est que je me suis dégagé d'une quantité de femmes à cause de vous, & je voudrois arrêter quelque chose.

M. DE LA CALE.

Vous avez eu tort de vous être dégagé d'avec elles ; car ma fille ne m'a pas écouté avec plaisir.

Mad. SIROTIN (*à part*).

Voilà qui est fort bien dit.

LE CHEVALIER.

Vraiment la premiere fois c'est l'usage. Il faut bien un peu minauder.

M. DE LA CALE.

Elle n'avoit point du tout l'air de minauder ; & j'ai sçu qu'elle étoit prise ailleurs.

LE CHEVALIER.

C'est de Fonval peut-être que vous voulez parler ? Vous êtes bien bon de croire cela. Si c'est-là le seul obstacle, il sera bien-tôt levé. Ne voyez-vous pas bien que ce qu'il en fait, ce n'est que par oisiveté ; qu'il n'a d'autre but que de s'amuser, & j'aurois dû même vous en avertir en ami, aussi-tôt que je l'ai sçu ; car il n'aime nullement votre fille, j'en réponds : & elle-même n'est pas plus…

SCENE X.

FONVAL, M. DE LA CALE, le Chevalier de FATINCOURT,
Mad. GRAPIN & Mad. SIROTIN, *toujours dans l'enfoncement.*

FONVAL *vivement.*

MONSIEUR le Chevalier, ou qui que vous soyez, je vous prie de ne pas juger de mes intentions : j'étois dispensé de vous en rendre compte, & ce n'est pas à vous à vouloir y pénétrer.

LE CHEVALIER.

Tu ne vois pas, mon ami, que c'est toi qui fais ici une difficulté, sans le vouloir ? Monsieur s'imagine…

FONVAL.

Monsieur ne sçauroit trop s'imaginer, & puisqu'il est instruit de mon amour, je viens l'en assurer encore, & le prier de consentir à notre union, & à ce que ma main, mon cœur & ma fortune soient en ce jour à son aimable fille.

LE CHEVALIER *à Fonval.*

Quoi, sérieusement ?

FONVAL.

Oui, très-sérieusement, Monsieur. Je vous ai toujours caché mes véritables sentimens : je n'ai plus d'intérêt à le faire à présent. Je les divulgue, & m'en fais gloire.

LE CHEVALIER *avec hauteur à M. de la Cale.*

Pour qui me preniez-vous donc, Monsieur, dans tout ceci ?

M. DE LA CALE (*à part*).

Ah ! si j'avois mon habit de Gendarme, comme tout-à-l'heure, cela lui en imposeroit peut-être.

LE CHEVALIER.

Vous me jouiez donc, Monsieur ?

M. DE LA CALE.

Non, Monsieur, je n'avois garde ; mais vous voyez bien…

LE CHEVALIER.
Apprenez qu'avec les gens comme moi…

FONVAL.
Apprenez vous-même que lorsque je serai ici, vous n'y parlerez jamais plus haut que le maître de la maison.

M. DE LA CALE *bas à Fonval.*
Bon courage, mon ami.

LE CHEVALIER *à M. de la Cale.*
Mais il me semble que quand on fait l'honneur aux gens de votre espece de…

FONVAL *vivement.*
Je vous ai déja dit que votre ton me déplaisoit.

LE CHEVALIER.
Ah ! il vous déplait ! cela est unique. Il vous déplait ! Vous êtes bien heureux l'un & l'autre que j'aie l'ame un peu philosophique ; sans cela…Mais après tout je vous ai obligation ; vous me faites voir clair ; je me mésalliois,[40] & l'objet n'en vaut pas[41] la peine. (*Il sort*)

Mad. Sirotin & Mad. Grapin paroissent

Mad. GRAPIN *à Fonval qui veut le suivre.*
Laissez-le aller, Fonval. Vous auriez, je le vois, trop bon marché de lui.

SCENE DERNIERE.

Mad. SIROTIN, Mad. GRAPIN, M. DE LA CALE, ROSALIE, FONVAL.

Mad. SIROTIN.
Nous en voilà donc débarrassés pour toujours vraisemblablement.

M. DE LA CALE *appercevant sa fille au fond du théâtre.*
Approchez, ma fille. Je vous ai donné quelques momens de chagrin au sujet de cet homme-là ; j'en suis fâché. Il n'en sera plus question, Dieu merci. Je ne veux plus désormais gêner votre inclination ; vous n'avez qu'à dire votre choix, & j'y applaudis.

---

[40] In a metropolitan context, *mésalliance* referred primarily to a discrepancy in social rank and it is likely, particularly in the absence of any explanatory footnote, that Fatincourt is using the term in this way. However, in the colonial context, *mésalliance* referred above all to interracial marriage. For a colonial audience, the word might inadvertently have hinted at the existence of a black ancestor in the La Cale family.
[41] The original reads 'par' instead of 'pas'.

Mad. grapin.

Vous sçavez bien quel il est ; que ne lui épargnez-vous la mauvaise honte de le dire ?

Elle met la main de Rosalie dans celle de Fonval

Tenez, voilà, l'affaire faite.

M. de la cale.

Allons, je le veux de tout mon cœur. Soyez heureux, mes enfans. Profitez de mon exemple pour éviter de donner dans un ridicule où tombent quantité de gens ; j'en suis revenu un peu ignominieusement ; mais n'importe, cela s'oubliera.

Mad. grapin.

Moi, je ne proposerai mon exemple à personne : cela ne serviroit de rien ; pour être bien corrigé tout-à-fait, je crois qu'il faut avoir été trompé comme nous l'avons été.

M. de la cale.

Evitez sur-tout ces intrigans, qui, sous des airs d'importance, cherchent à se faufiler dans toutes les maisons. J'en connois un bon nombre ; je vous les nommerai, afin que vous ne les voyiez jamais.

FIN.

→ moral of story → speaking directly to the audience to say you need to be aware of people entering your home.

BIBLIOGRAPHY

Archival Sources

Décision relative à la création d'un spectacle à Saint-Pierre (18 August 1780) ANOM COL C8b 15 No53

Mémoire concernant l'établissement d'un spectacle à Saint-Pierre de la Martinique (1780) ANOM COL C8b 15 No43bis

Newspapers

Les Affiches américaines (and variants)

L'Année littéraire

Journal encyclopédique

Mercure de France

Supplément aux Affiches américaines (and variants)

Primary Print Sources

CHANVALON, JEAN-BAPTISTE THIBAULT DE, *Voyage à la Martinique, 1751–1756 Contenant diverses observations sur la Physique, l'Histoire naturelle, l'Agriculture, les Mœurs et les Usages de cette Isle, Suivi de Moments perdus ou Sottisier manuscrit inédit* (Paris: Karthala, 2004), ed. by Monique Pouliquen

Correspondance littéraire, philosophique et critique de Grimm et de Diderot, depuis 1753 jusqu'en 1790 (Paris: Furne, 1830)

ISERT, PAUL ERDMAN, *Voyages en Guinée et dans les îles Caraïbes en Amérique* (Paris: Maradan, 1793)

LAUJON, ALFRED DE, *Souvenirs de trente années de voyages à Saint-Domingue* (Paris: Schwartz and Gagnot, 1834)

LEBLOND, JEAN-BAPTISTE, *Voyages aux Antilles : d'île en île, de la Martinique à Trinidad (1767–1773)* (Paris: Karthala, 2000) ed. by Monique Pouliquen

MOREAU DE SAINT-MÉRY, MÉDÉRIC LOUIS ELIE, *Description topographique, physique, civile, politique et historique de la partie française de l'isle Saint-Domingue*, ed. by Blanche Maurel and Etienne Taillemite, 3 vols (Paris: Société française de l'histoire des Colonies Françaises, 1787–98; Larose, 1958)

Les Veuves créoles (Amsterdam/Paris: Merlin, 1768)

*Voyages du Comte de **** à Saint-Domingue, en 1730* in *Voyages intéressans dans différentes colonies françaises, espagnoles, anglaises, etc. ...* (London/Paris: Jean-François Bastien, 1788), pp. 85–170

Secondary Sources

BEAUVALET-BOUTOUYRIE, SCARLETT, *Etre veuve sous l'Ancien régime* (Paris: Belin, 2001)

BIET, CHRISTIAN, 'La Veuve et l'idéal du mari absolu : Célimène et Alceste', *Cahiers du dix-septième* 7.1 (1997): 215–26

BRILLAUD, JÉRÔME, '*Les Veuves créoles* et le théâtre à la Martinique au XVIIIe siècle', *Travaux de littérature : Les Amériques des écrivains français* 24 (2011): 143–52

CAMIER, BERNARD, 'Les concerts dans les capitales de Saint-Domingue à la fin du XVIIIe siècle', *Revue de musicologie* 93.1 (2007): 75–98

—— and MARIE-CHRISTINE HAZAËL-MASSIEUX, '*Jeannot et Thérèse* : un opéra comique en créole au milieu du XVIIIe siècle', *Revue de la Société haïtienne d'histoire de géographie* 215 (2003): 135–66

——, 'Minette : situation sociale d'une artiste de couleur à Saint-Domingue', *Généalogie et histoire de la Caraïbe* 185 (October 2005): 4638–42

CHATILLON, MARCEL and LÉO ELISABETH, '*Les Veuves créoles*, première pièce écrite à la Martinique : 1768', *Annales des Antilles : Bulletin de la Société d'histoire de la Martinique* 27 (1988–1991): 97–106

CLAY, LAUREN, *Stagestruck: The Business of Theater in Eighteenth-Century France and Its Colonies* (Ithaca: Cornell University Press, 2013)

ELISABETH, LÉO, *La Société martiniquaise aux XVIIe et XVIIIe siècles 1664–1789* (Paris: Karthala, 2003)

FOUCHARD, JEAN, *Le Théâtre à Saint-Domingue* (Port-au-Prince: Imprimerie de l'Etat, 1955; 1988)

——, *Artistes et répertoire des scènes de Saint-Domingue* (Port-au-Prince: Imprimerie de l'Etat, 1955; 1988)

HOLBROOK, WILLIAM C., 'The Young Widow in Eighteenth Century French Comedy', *PMLA* 47.4 (December 1932): 1113–19

NICOLAS, MAURICE, 'Le Théâtre de Saint-Pierre au XVIIIe siècle : les années difficiles', *Annales des Antilles : Bulletin de la Société d'histoire de la Martinique* 1 (1955): 53–64

——, *Les grandes heures du Théâtre de Saint-Pierre* ([NP] Berger Bellepage, 1974)

PREST, JULIA, '*Iphigénie en Haïti*: Performing Gluck's Paris Operas in the French Colonial Caribbean', *Eighteenth-Century Music* 14.1 (March 2017): 13–29

MHRA Critical Texts

This series aims to provide affordable critical editions of lesser-known literary texts that are not in print or are difficult to obtain. The texts will be taken from the following languages: English, French, German, Italian, Portuguese, Russian, and Spanish. Titles will be selected by members of the distinguished Editorial Board and edited by leading academics. The aim is to produce scholarly editions rather than teaching texts, but the potential for crossover to undergraduate reading lists is recognized. The books will appeal both to academic libraries and individual scholars.

Malcolm Cook
Chairman, Editorial Board

Editorial Board

Professor Malcolm Cook (French) (Chairman)
Professor Jane Everson (Italian)
Dr Tyler Fisher (Spanish)
Professor David Gillespie (Slavonic)
Professor Justin Edwards (English)
Dr Stephen Parkinson (Portuguese)
Professor Ritchie Robertson (Germanic)

www.criticaltexts.mhra.org.uk

Lightning Source UK Ltd.
Milton Keynes UK
UKHW020009191219
355627UK00003B/150/P